노년부
성경공부
Ⅴ-1

노년을 위한 성경의 파노라마

말씀 청춘

대한예수교장로회총회교육자원부 편
한국장로교출판사

머리말

노년을 대상으로 한 성경공부 교재인 "말씀청춘" 시리즈를 출판하게 됨을 하나님 앞에 감사드린다.

지금까지 많은 이들이 교회학교를 영아부부터 청년부까지만이라고 오해하는 경우가 종종 있어 왔지만 실제로 교회학교는 모든 연령대를 포함하는 교회의 교육목회를 담당하여 왔다. 더군다나 100세 시대인 요즘 교회학교는 장년부와 노년부를 포함하여 모든 연령대를 교회학교의 범주에 편입시키고 있다. 이런 면에서 노년부 성경공부 교재인 "말씀청춘" 시리즈의 출간은 교회학교 내에 노년부가 신앙적으로 건강하게 운영되도록 돕게 될 것이다.

우리 총회는 노년부 교재를 몇 차례에 걸쳐 개발하였다. "하늘향기" 시리즈와 "하늘잔치" 시리즈가 그 대표적인 교재들이다. 그리고 성경의 파노라마로 펼쳐지는 "말씀청춘"이 시리즈로 출간되고 있다.

교재가 나오기까지 수고하여 주신 분들에게 감사드린다. 성경의 파노라마 요목을 위해 수고해 주신 교육목회실천협의회 정영택 증경총회장님과 홍정근 목사께 감사드리며 바쁘신 가운데도 좋은 글로 함께해 주신 집필자 여러분들께도 깊은 감사를 드린다. 본 교재가 나오기까지 수고하신 교육목회실천협의회 문재진 목사와 총회교육훈련처 이미숙 목사, 김의현 목사 그리고 한국장로교출판사 사장 박창원 장로와 직원 여러분에게도 감사를 드린다.

2022년 1월

대한예수교장로회총회 교육훈련처

총무 **김명옥** 목사

말씀청춘 둘러보기

둘러보기 1. 어떻게 구성되었나요?

노년기의 관점에서 신구약 성경 전체를 구속사적 흐름을 따라 바라볼 수 있도록 26과로 진행되어 말씀 안에서 지속적인 신앙성장에 도움이 되도록 했습니다.

각 과는 네 단계의 과정으로 되어 있고 30분~40분 동안 진행할 수 있습니다. 각 과는 오늘의 말씀을 읽고 함께 찬송을 부르며 시작합니다. 구성은 다음과 같습니다.

1. **마음을 여는 글** 예화를 통해 자신의 삶을 돌아보고 마음을 엽니다.
2. **말씀 속으로** 말씀 속에서 하나님의 뜻을 발견합니다.
3. **생활 속으로** 말씀을 우리의 삶에 적용하고 실천할 수 있는 활동을 함께 나눕니다.
4. **시편으로 드리는 기도** 깨달은 말씀을 마음에 새기며 하나님의 도우심을 구합니다.

둘러보기 2. 어떤 내용을 다룰까요?

노년부 교재라는 특성을 고려하여 아래와 같은 내용을 선정하여 다루고 있습니다.

1. 성경 전체를 구속사의 관점에서 바라볼 수 있도록 하였습니다.
2. 성경의 연대기를 반영하여 쉽게 이해하도록 하였습니다.
3. 성경인물의 이야기와 삶을 다양하게 반영하였습니다.
4. 삶의 지혜를 담고 있는 본문을 중심으로 합니다.
5. 전반기는 사순절과 부활절, 후반기는 추수감사절과 성탄절 절기를 반영하였습니다.

둘러보기 3. 어떻게 활용할까요?

본 교재는 실제 삶의 자리에서 일어나는 많은 일들을 소재로 하는 예화를 통해 서로 진솔하게 이야기를 나누고 성경을 통하여 우리의 모습을 성찰하고 결단하여 깨달은 내용을 실천할 수 있도록 쓰였습니다. 각 교회의 사정에 따라 효율적으로 활용할 수 있는 다양한 방법을 다음과 같이 제안합니다.

1. 소그룹으로 나누어 진행해요.

* 5－7명이 한 개의 소그룹을 이루면 가장 좋습니다.
* 서로 비슷한 연령대의 사람들을 같은 소그룹에 편성해 주면 서로 공감대를 형성하는데 도움이 됩니다.
* 그룹원 중에 역할을 나누어 줍니다.
  ① 조장 : 전체공지사항 전달, 단체 SNS 활성화
  ② 도우미 : 간식준비, 사진관리, 모임장소, 준비물 확인

2. 매주 진행해요.

1년 동안 매주 1회 진행할 수 있도록 구성하였습니다. 교회에 사정에 따라 유동적으로 진행하시기 바랍니다.

3. 온라인 SNS를 활용해요.

* 함께 성경공부와 QT를 함께 나눈다는 마음으로 동참합니다.
* 도움이 되는 찬양이나, 서적, 신문 기사나 동영상을 올려 줍니다.
* 매일 한 명씩 담당자를 정해 기도문이나 찬양을 올리도록 합니다.
* 공지사항을 전달하거나 확인합니다.
* 가정에서의 실천사항을 인증사진이나 후기로 올려 구성원들과 공유합니다.
* 함께하는 사람들과 시간을 정하여 중보기도 모임을 갖습니다.

4. 서로를 위해 기도하며 진행해요.

이름	함께 품고 함께 기도해요.			
	가족		가족 연락처	
	연락처		메일주소	
	기도제목			

5. 이것만은 꼭 약속해요!

모임의 원활한 진행과 활성화를 위해 다음의 다섯 가지 약속을 함께 다짐하며 힘차게 출발합시다. 추가로 더 약속을 정하여도 좋습니다.

나 ______________는 성경공부에 다음과 같이 성실히 임할 것을 약속합니다.

20 년 월 일

내 용	서약
약속 1. 모임시간 지키기	
약속 2. 마치는 시간 지키기	
약속 3. 주제에서 벗어난 내용은 자제하기	
약속 4. 진실되게 말씀 앞에 마음을 오픈하기	
약속 5. 함께 나눈 대화내용은 절대! 비밀 보장하기	

다섯 가지 약속과 함께 행복한 말씀청춘이 되기 위해 함께 읽도록 합니다.

우리는 행복한 말씀청춘!

1. 다양한 사람들이 한 성령님 안에서 아름다운 공동체를 이룹니다.
2. 기쁜 일, 슬픈 일이 생겼을 때 자기 일같이 나서서 서로를 챙깁니다.
3. 모일 때마다, 서로의 기도 제목을 내어 놓고 기도합니다.
4. 모일 때마다, 서로 격려하고 칭찬합니다.
5. 모일 때마다, 세상 이야기보다 영적인 이야기에 집중합니다.
6. 모일 때마다, 말씀을 배우려는 마음의 자세를 가집니다.
7. 모일 때마다, 참석하지 않은 분의 가정 분위기를 파악하고 대처합니다.
8. 모일 때마다, 새로 온 분이나 믿음이 어린 분을 항상 배려합니다.
9. 모일 때마다, 함께 성경공부하는 분들의 영적 성장과 건강을 위해 기도합니다.
10. 모일 때마다, 참석한 모든 사람이 한 마디 이상씩 자신의 생각을 이야기하도록 합니다.

차례

제1과 세상을 창조하신 하나님

[오늘의 말씀 _ 창세기 1 : 31]

하나님이 지으신 그 모든 것을 보시니 보시기에 심히 좋았더라 저녁이 되고 아침이 되니 이는 여섯째 날이니라

[찬송 _ 찬송가 69장(통 33장) 1절]

온 천하 만물 우러러 다 주를 찬양하여라
할렐루야 할렐루야 저 금빛 나는 밝은 해
저 은빛 나는 밝은 달 하나님을 찬양하라
할렐루야 할렐루야 할렐루야

[삶을 나눠요]

"세상은 어떻게 만들어졌을까?" 이런 의문을 가져 본 적이 있습니까? 어떤 의심입니까? 답은 찾았습니까? 지금은 어떻게 생각하는지 서로 나누어 보십시오.

마음을 여는 글

"철학" 하면 매우 어렵게 생각합니다. 그런데 철학의 시작은 세상은 어떻게 만들어졌을까? 무엇으로 이루어졌을까? 세상에 변하는 것은 무엇이고, 변하지 않는 것은 무엇인가? 하는 의문, 질문에서 시작되었습니다. 그래서 탈레스는 "물"이라고, 헤라클레이토스는 "불"이라고, 피타고라스는 "수, 숫자"라고 했습니다. 과연 세상의 근원은 어떻게 알 수 있을까요?

말씀 속으로

세상의 어떤 한 가지 생각이나 주장, 이론으로 만물의 근원을 밝혀낼 수 없습니다. 흔히 하는 말로 "일리는 있으나 완전한 정답은 없다는 것이며, 밝혀낼 수 없다."는 것입니다. 예를 들어, 세상의 근원이 물이라면 불은 어떻게 됩니까? 세상에 변하는 것이 있다면, 변하지 않는 것도 있습니다. 세상에 눈에 보이는 것만 생각하면 눈에 보이지 않는 것은 어떻게 됩니까? 세상을 자연으로 보고 자연적으로 된 것만 있다면 사람에게 있는 생각, 마음, 느낌, 이런 것들은 어떻게 된 것입니까? 끝없는 논쟁, 주장만 되풀이될 뿐입니다. 심지어 어떤 생물이 진화되어 이루어졌다고 말하기도 합니다. 그러면 어떤 생물이 진화되어 사람까지 진화되었다고 합시다. 그 사람에게 있는 자연적인 상태 속에 언제 생각과 감정이 들어갔을까요? 생각이나 감정은 무엇이 진화된 것일까요? 이런 것들은 인간들의 생각 속에서 만들어진 이야기일 뿐입니다.

그러나 성경은 이 세상에 대해서 아주 분명하게 선언합니다. "태초에 하나님이 천지를 창조하시니라"(창 1 : 1) 즉, "하나님의 창조"라는 것입니다. 없는 데서 있게 하는 창조, 말씀으로 있으라 하시니 있게 된 창조, 그리고 인간을 흙으로 지으시고 생기를 불어넣어 "생령"(생령은 살아 있는 존재, Living Being)이 되게 하신 창조, 사람으로 하여금 다스리게 하신 창조, 결국에는 그 모든 창조 세계를 보시고 하나님께서 "보시기에 심히 좋았더라" 하셨습니다.

그래서 우리는 "나는 전능하신 하나님 천지의 창조주를 믿습니다."라는 고백으로 사는 것입니다.

1. 오늘 나눈 말씀 가운데 특별히 마음에 와닿은 구절이나 배움을 통하여 깨달은 점이나 느낀 점이 있다면 무엇이었습니까?

2. 하나님께서 창조하신 세상을 볼 때 나는 ______________________을(를) 고백할 수 있습니다. 자유롭게 써 봅시다.

생활 속으로

하나님의 창조물을 생각하면서 다음의 내용을 아는 대로 적어 봅시다.

1) 바닷속에 있는 창조물들 : ______________________________

2) 공중(하늘)에 있는 창조물들 : ______________________________

3) 땅에 있는 창조물들 : ______________________________

4) 그 외에 하나님의 창조물이라 할 수 있는 것들이 있다면 무엇입니까?

하나님의 창조를 생각할 때 우리는 어떤 마음을 가질 수 있습니까? 우리의 생각, 상상, 지식으로 다 표현할 수 없습니다. 하나님의 창조 역사 앞에 오직 찬양, 경배, 감사의 고백만 있어야 합니다.

시편으로 드리는 기도

시편 19 : 1~6

하나님, 세상의 그 어떤 것을 보아도 그 속에서 하나님의 창조 능력, 영광을 보며, 내 믿음을 더욱 온전하게 할 수 있는 하나님의 사람으로 살게 하소서. 아멘.

제2과 아담과 하와의 불순종

[오늘의 말씀 _ 창세기 3 : 21]

여호와 하나님이 아담과 그의 아내를 위하여 가죽옷을 지어 입히시니라

[찬송 _ 찬송가 280장(통 338장) 1절]

천부여 의지 없어서 손들고 옵니다
주 나를 외면하시면 나 어디 가리까
내 죄를 씻기 위하여 피 흘려 주시니
곧 회개하는 맘으로 주 앞에 옵니다

[삶을 나눠요]

이 세상의 삶 속에서 원망하는 생각을 가진 적이 있습니까? 무슨 일이며, 왜 그랬습니까? 서로 나누어 보십시오.

마음을 여는 글

"모순"이라는 말이 있습니다. 사실의 앞뒤가 서로 맞지 않는 "어긋남"을 의미하는 것으로 "자가당착", "이율배반"도 모순을 설명하는 말로 이해할 수 있습니다.
우리의 삶 속에는 많은 모순이 있습니다. 혹시 주관적인 자신의 생각으로 모순을 말했던 경험이 있는지 생각해 봅시다.

말씀 속으로

우리는 살아가면서 "세상이 왜 이럴까?", "왜 선한 사람은 안 되고 악한 사람이 잘 될까?", "도대체 이해할 수 없다."라고 생각하거나 느낄 때가 있습니다.

세상의 문제, 인간의 문제, 모든 문제 속에 모순이 있고 풀리지 않게 된 것은 바로 "죄", "죄성" 때문입니다. 성경은 창조를 가르치고, 동시에 인간 속에 어떻게 죄가 들어오게 되었는지 깨우쳐 주고 있습니다. 많은 사람들은 세상과 인간이 왜 이렇게 되었나 질문하면서 그 문제를 풀 수 없는데 성경은 그 문제를 풀어 줍니다. 인간에게 있는 모순, 고통, 질병, 죽음의 문제의 원인은 바로 "죄"에 있다는 것입니다.

그러면 왜 죄가 있게 되었습니까? 이에 대하여도 선악과의 문제로부터 많은 이야기를 할 수 있으나 오늘 본문 말씀에서 살피면 "불순종"이라고 할 수 있습니다. 그러면 그 불순종은 무엇일까요?

첫째, 하나님과의 약속을 깨뜨린 것입니다. 선악을 알게 하는 나무의 열매를 따 먹지 않기로 약속이 되었는데, 따 먹은 것은 불순종입니다.

둘째, 하나님의 말씀을 믿지 않은 것입니다. "먹는 날에는 반드시 죽으리라" 했으나 그 말씀을 믿지 않고, "죽을까 하노라" 하는 말을 따라간 불순종입니다.

셋째, 하나님처럼 된다는 교만의 불순종입니다. 인간이 하나님처럼이라는 것에 빠질 수 있는 교만은 죄악의 원인이 되는 불순종입니다. 이런 불순종으로 인간은 자기모순 속에 빠져 살게 되는 벌거벗은 부끄러운 존재가 되었습니다.

불순종은 이렇게 인간을 비참하고 부끄럽게 만듭니다. 그러나 이 불순종 가운데도 하나님의 구원의 은혜를 보게 되는데, 부끄러운 아담과 하와에게 가죽으로 옷을 만들어 허물을 가리우고 다시 하나님 앞에 설 수 있도록 한 것입니다. 이것은 바로 불순종으로 죄인 된 우리를 예수 그리스도의 "의의 옷"을 입히신 구원의 예표인 것입니다.

1. 오늘 나눈 말씀 가운데 특별히 마음에 와닿은 구절이나 배움을 통하여 깨달은 점이나 느낀 점이 있다면 무엇이었습니까?
2. 불순종으로 인해 일어난 결과에 대해 사람들은 어떤 태도를 보이는지 이야기해 봅시다.

생활 속으로

보편적으로 인간사회 그리고 개인적으로 나 자신에게까지 일어나는 불행은 "불순종"입니다. 그리고 불순종 앞에서 더 큰 불행은 그 불순종을 깨달아 회개하지 않는 것입니다. 나 한 사람의 불순종으로 많은 사람들이 불행해질 수 있다는 것을 깊이 생각하며 살아야 합니다. 마치 아담의 불순종이 모든 인류의 불행이 된 것처럼 말입니다. 그러나 그 속에도 하나님의 긍휼과 사랑이 있음을 깨닫고 감사의 찬송을 부르면서 삽시다. 어떤 감사의 찬송을 부르시겠습니까? 서로 나누고 찬양을 합시다.

시편으로 드리는 기도

시편 32 : 1~5

하나님, 불순종으로 인하여 불행과 어리석음에 빠지지 않게 하소서. 허물의 사함을 얻고 죄의 용서를 받은 은혜의 확신과 감사로 살게 하소서. 아멘.

제3과 믿음의 제사를 드리지 않은 가인

[오늘의 말씀 _ 창세기 4 : 7]

네가 선을 행하면 어찌 낯을 들지 못하겠느냐 선을 행하지 아니하면 죄가 문에 엎드려 있느니라 죄가 너를 원하나 너는 죄를 다스릴지니라

[찬송 _ 찬송가 348장(통 388장) 1절]

마귀들과 싸울지라 죄악 벗은 형제여 담대하게 싸울지라 저기
악한 적병과 심판 날과 멸망의 날 네가 섰는 눈앞에 곧 다가오리라
영광 영광 할렐루야 영광 영광 할렐루야
영광 영광 할렐루야 곧 승리하리라

[삶을 나눠요]

우리의 삶을 위협하는 죄를 어떻게 다스릴 수 있을지 서로 나누어 보십시오.

마음을 여는 글

인디언들이 후손들에게 가르치는 교훈 중에 늑대 이야기가 있습니다. 인간의 마음속에는 착한 늑대와 나쁜 늑대가 살고 있어서 매일 서로 으르렁거리며 싸운다고 합니다. 인디언 아이들은 이 이야기를 듣고 어떤 늑대가 이기는지 묻습니다. 정답은 내가 먹이를 주는 늑대입니다. 내가 착한 마음을 많이 품으면 착한 늑대가 이기고 나쁜 마음을 많이 품으면 나쁜 늑대가 이기게 된다는 것입니다. 이 이야기는 다음 말씀을 생각나게 합니다. "…… 사람이 무엇으로 심든지 그대로 거두리라 자기의 육체를 위하여 심는 자는 육체로부터 썩어질 것을 거두고 성령을 위하여 심는 자는 성령으로부터 영생을 거두리라"(갈 6 : 7–8).

말씀 속으로

에덴동산에서 쫓겨난 후에 아담과 하와가 두 아들을 얻습니다. 그들이 바로 가인과 아벨입니다. 가인은 농사를 짓는 농부가 되었고 아벨은 양을 치는 목자가 되었습니다. 가인은 땅에서 거둔 곡식을 하나님께 제물로 바쳤고, 아벨은 자신이 키운 양을 하나님께 바쳤습니다. 그런데 하나님께서는 아벨과 그의 제물은 기쁘게 받으셨지만, 가인과 그의 제물은 받지 않으셨습니다. 그래서 가인은 몹시 화가 났고 급기야 동생 아벨을 죽이고 맙니다. 오늘 본문은 크게 두 가지 교훈을 우리에게 줍니다.

인생의 본질적인 문제는 죄의 문제입니다

인간에게 가장 근원적인 문제는 어떻게 죄와 싸워 이길 것인가 입니다. 죄는 맹수처럼 매복하고 우리를 호시탐탐 노립니다. 죄는 어떻게든지 우리를 점령하려고 합니다. 우리는 이것을 잊지 말아야 합니다. 그래서 하나님께서 창세기 4장 7절에서 "너는 죄를 다스릴지니라"고 말씀하셨습니다. 죄와 싸워 이겨야 한다는 말씀입니다. 그렇지 않으면 죄의 종노릇을 하게 됩니다. 안타깝게도 가인은 죄를 다스리지 못하고 아벨을 죽이고 자신 또한 죄로 말미암아 고달픈 인생을 살아가게 됩니다. 오늘 본문은 우리 인간에게 가장 본질적인 문제는 죄의 다스림을 받을 것인가? 아니면 우리가 죄를 다스릴 것이냐에 있음을 잘 보여 줍니다.

예배가 중요합니다

가인이 인생을 실패한 중요한 이유는 예배에 있습니다. 그는 예배를 형식적으로 드렸고 하나님이 기뻐하시는 예배자로 서는 일에 실패했습니다. 반면에 아벨은 하나님이 기뻐하시는 예배자로 서는 일에 성공했습니다. 히브리서 기자는 아벨이 믿음으로 가인보다 더 나은 제사를 하나님께 드렸다고 말합니다(히 11 : 4). "믿음으로 제사를 드린다."라는 것은 세상을 창조하시고 통치하시는 하나님에 대한 믿음으로 드리는 예배입니다. 그래서 하나님께서는 아벨과 그의 제사는 받으셨지만, 가인과 그의 형식적인 제사는 받지 않으신 것입니다. 가인은 믿음의 제사를 드리지 못해 실패한 인생을 살게 되었습니다. 따라서 하나님께서 보실 때 어떤 예배자로 서는가가 너무나 중요합니다. 오늘 본문은 하나님의 백성들은 예배에 성공해야 인생에서 성공할 수 있음을 잘 보여 줍니다.

1. 오늘 나눈 말씀 가운데 특별히 마음에 와닿은 구절이나 배움을 통하여 깨달은 점이나 느낀 점이 있다면 무엇이었습니까?
2. 하나님께서 기쁘게 받으시는 예배는 무엇일지 나누어 봅시다.

생활 속으로

1. 요즈음 예배를 어떻게 드리고 있는지 솔직하게 적어 봅시다.
2. 예배에 소홀했다면 앞으로 하나님께서 기쁘게 받으시는 예배를 드리기 위해 어떤 영적 준비를 할 것인지 적어 봅시다.

시편으로 드리는 기도

시편 19 : 14

나의 반석이시요 구원자이신 하나님, 내 입의 말과 내 마음의 생각이 언제나 주님의 마음에 들기를 바랍니다. 아멘.

제4과 무지개, 인류를 향한 하나님의 약속

[오늘의 말씀 _ 창세기 9 : 13]

내가 내 무지개를 구름 속에 두었나니 이것이 나와 세상 사이의 언약의 증거니라

[찬송 _ 찬송가 546장(통 399장) 1절]

주님 약속하신 말씀 위에 서 영원토록 주를 찬송하리라
소리 높여 주께 영광 돌리며 약속 믿고 굳게 서리라
굳게 서리 영원하신 말씀 위에 굳게 서리
굳게 서리 그 말씀 위에 굳게 서리라

[삶을 나눠요]

하나님께서 그리스도인에게 주신 가장 중요한 약속의 말씀은 무엇인지 서로 나누어 보십시오.

마음을 여는 글

하나님께서 아브라함과 언약을 맺으실 때도 기존의 별을 두고 맹세하신 것처럼 하나님께서는 천지 만물을 자신의 언약 시 증표로 삼으시거나 신령한 진리를 보여 주는 도구로 삼곤 하셨습니다. 하나님께서 인간들에게 주신 모든 언약은 그 본질에 있어 영원불변하다는 것을 말하며 여기서는 무지개 언약을 주심으로 물 심판으로부터의 보호를 약속하십니다.

말씀 속으로

창세기 6~9장은 인류의 죄악으로 인한 하나님의 홍수 심판 이야기를 기록하고 있습니다. 아담과 하와 이후 인류는 땅 위에 번성했습니다. 하지만 안타깝게도 사람이 번성한 만큼 죄악도 세상에 가득했습니다. 그래서 하나님께서는 땅 위에 사람을 지으셨음을 후회하시며 마음 아파하셨습니다. 그리고 결국 죄로 말미암아 인류를 심판하시기로 결단하십니다. 오직 노아 가족만이 하나님의 은혜로 홍수 심판에서 구원을 받았습니다. 창세기 9장은 하나님께서 노아를 통해서 온 인류와 새로운 언약을 맺으시고 홍수 이후에 세상이 어떻게 될 것인지 말씀하십니다.

사람이 이 땅에서 번성해야 한다는 것입니다

하나님께서는 노아와 그 아들들에게 복을 주시며 생육하고 번성하여 땅에 충만하라고 말씀하셨습니다(창 9 : 1, 7). 이것은 하나님께서 아담을 창조하시고 난 뒤에 축복하신 내용과 동일한 말씀입니다(창 1 : 28). 이 말씀을 통해 우리는 하나님께서 노아로부터 새롭게 시작되는 인류가 번성하기 바라신다는 것을 알 수 있습니다. 성경에서 심판은 인류를 향한 하나님의 궁극적인 목적이 아닙니다. 하나님의 심판은 번영의 삶을 위한 수단에 불과합니다. 번영의 삶이란 하나님께서 보시기에 '좋은 삶', '살 만한 가치가 있는 삶'입니다. 하나님께서는 우리가 죄를 짓지 않고 번영의 삶을 살기 바라십니다.

다시는 홍수로 인간을 심판하지 않으신다는 것입니다

하나님께서는 다시는 모든 생물을 홍수로 심판하는 일은 없을 것이라고 인류와 언약을 맺으십니다. 즉, 인간이 아무리 많은 죄를 저질러도 홍수로 전부 멸하시는 일은 하지 않으실 것이라고 약속하신 것입니다. 하나님께서는 이 언약의 증거로 무지개를 보여 주셨습니다. 그리스도인에게는 하나님의 심판으로부터 지켜 주고 하나님의 인자하심을 기억하게 하는 또 다른 무지개가 있습니다. 그것은 바로 우리 주 예수 그리스도의 십자가입니다. 우리는 십자가를 볼 때마다 멸망의 심판으로부터 우리를 구원해 주실 것이라는 하나님의 약속을 기억하게 됩니다. 따라서 예수 그리스도의 십자가는 죄인을 하나님의 심판으로부터 구원을 얻게 해 주는 확실한 구원의 징표입니다.

1. 오늘 나눈 말씀 가운데 특별히 마음에 와닿은 구절이나 배움을 통하여 깨달은 점이나 느낀 점이 있다면 무엇이었습니까?
2. 무지개를 통해 알 수 있는 하나님의 성품은 무엇입니까?

생활 속으로

1. 비가 온 뒤 하늘에 무지개가 생겼을 때, 창세기 6~9장의 말씀을 다시 읽어 보면서 하나님의 언약과 인자하심을 깊이 묵상해 봅시다.
2. 성경에 기록되어 있는 하나님의 언약들은 어떤 것들이 있는지 찾아보고, 그 의미를 알아봅시다.

시편으로 드리는 기도

시편 25 : 14

하나님, 여호와의 친밀하심이 그를 경외하는 자들에게 있고 하나님의 언약을 그들에게 보이심을 기억하며 하나님과 동행하는 삶을 살아가도록 도와주옵소서. 아멘.

제5과 바벨탑, 불순종의 상징

[오늘의 말씀 _ 창세기 11 : 9]

그러므로 그 이름을 바벨이라 하니 이는 여호와께서 거기서 온 땅의 언어를 혼잡하게 하셨음이니라 여호와께서 거기서 그들을 온 지면에 흩으셨더라

[찬송 _ 찬송가 290장(통 412장) 1절]

우리는 주님을 늘 배반하나 내 주 예수 여전히 날 부르사
그 참되신 사랑을 베푸시나니 내 형제여 주님을 곧 따르라
주 널 위해 비네 주 널 위해 비네 주 널 위해 비네 항상 비시네

[삶을 나눠요]

인간의 욕심이 가져온 결과는 무엇이며, 하나님께서 이를 어떻게 징계하셨는지 서로 나누어 보십시오.

마음을 여는 글

과학 만능의 시대라는 말이 맞는 말인지도 모릅니다. 전기와 축음기가 발명될 당시만 하더라도 에디슨은 하나님께서 주신 지혜와 지식의 일부일 뿐이라고 고백하였으나 디지털 문화와 인공지능을 이야기하는 오늘날의 인간들은 교만해질 대로 교만해졌습니다. 이제는 하나님의 피조물 이상의 능력을 자랑하는 과학 시대라고 하며 떠들고 자랑합니다. 그런데 지금 세계는 어떻습니까? 고작 눈에도 보이지 않는 바이러스 때문에 인간의 힘으로는 아무것도 할 수 없는 위기에 빠지고 말았습니다. 코로나19 팬데믹으로 모든 것이 멈추어 버렸습니다. 백신과 치료약을 개발한다고 큰소리를 치고 있지만 따지고 보면 속수무책으로 당하고만 있습니다. 바벨탑을 쌓고 있는 우리의 모습을 되돌아보아야 할 것입니다.

말씀 속으로

사람의 죄악이 세상에 가득하고, 마음으로 생각하는 모든 계획이 항상 악할 뿐임을 보신 하나님(창 6 : 5)은 홍수로 온 세상을 심판하시기 전에 노아에게 방주를 짓게 하시고 그의 가족들을 구원하여 남겨 두셨습니다. 그러나 그 후손들이 하나의 언어를 사용함으로 또다시 악한 마음으로 하나님께 도전합니다. 벽돌을 굽고 역청을 준비하여 성읍과 탑을 건설하되 그 꼭대기를 하늘에 닿게 하여 그들의 이름을 내고 지면에 흩어짐을 면하자는 것이었습니다. 그래서 여호와께서 그 현장을 보려고 내려오셨습니다.

여호와께서 크게 진노하셨습니다

하나님께 도전하여 자신들의 이름을 내고, 지면에서 흩어짐을 면하려고 하는 자들을 여호와께서는 그냥 둘 수가 없었습니다. 그러나 이들을 아주 완전히 멸절시키지는 아니하셨습니다. 다시는 이러한 일을 시도하지 못하도록 온 지면에 흩어 버리신 것입니다.

인류가 온 지면에 흩어졌습니다

언어를 혼잡하게 하신 것은 그들이 서로의 말을 알아듣지 못하게 하셨다는 것입니다. 더이상 성읍과 탑을 쌓을 수 없었습니다. 그리고 각기 자기 말을 알아들을 수 있는 사람들끼리 모여서 흩어졌습니다. 그 당시에는 흩어지게 된 민족의 수가 얼마인지, 얼마나 많은 언어종족(Language People)이었는지 알 수 없었습니다. 하나님은 불순종과 도전으로 바벨탑을 쌓던 이들을 흩으셨습니다.

하나님께서는 우리가 하나님의 말씀대로 순종하며 살아가기 원하십니다.

1. 오늘 나눈 말씀 가운데 특별히 마음에 와닿은 구절이나 배움을 통하여 깨달은 점이나 느낀 점이 있다면 무엇이었습니까?
2. 예수님이 땅끝까지 이르러 내 증인이 되리라(행 1 : 8)고 하신 이유를 오늘 본문의 내용과 연관시켜서 이야기해 봅시다.

생활 속으로

1. 세계 지도를 보며 내가 아는 나라들의 이름과 이들이 사용하는 언어들을 아는 대로 기록해 봅시다.
2. 전쟁과 다툼이 있는 지역과 나라들을 기억하며 이들이 생각하는 바벨탑이 무엇인지 생각해 봅시다.

시편으로 드리는 기도

시편 106 : 24~27

하나님, 기쁨의 땅을 멸시하고 말씀을 믿지 아니하며 원망하고 불순종하는 우리를 용서해 주소서. 하나님의 말씀에 순종하며 살아가게 해 주옵소서. 아멘.

제6과 아브라함이 받은 하나님의 언약

[오늘의 말씀 _ 창세기 12 : 2]

내가 너로 큰 민족을 이루고 네게 복을 주어 네 이름을 창대하게 하리니 너는 복이 될지라

[찬송 _ 찬송가 310장(통 410장) 1절]

아 하나님의 은혜로 이 쓸데없는 자
왜 구속하여 주는지 난 알 수 없도다
내가 믿고 또 의지함은 내 모든 형편 아시는 주님
늘 보호해 주실 것을 나는 확실히 아네

[삶을 나눠요]

나는 지금 하나님께서 부르시면 그 말씀을 믿고 바로 따를 수 있을지 서로 나누어 보십시오.

마음을 여는 글

"이제는 죽어야지. 죽어야지." 기회만 있으면 넋두리를 하는 할머니에게 이웃집 청년이 소화제를 준비해서 찾아갔답니다. "할머니, 정말 천국에 가고 싶으세요?" "그럼! 이젠 살 만큼 살았으니 죽어야지!" "할머니, 지금 제가 바로 하늘나라로 가실 수 있는 약을 구해 왔습니다." 이 말을 들은 할머니는 버럭 화를 내며 소리를 치셨답니다. "야 이놈아! 네가 나하고 무슨 원수질 일이 있냐?" 물론 우스갯소리로 만든 이야기일 것입니다. 그러나 중요한 것은 지금이라도 하나님이 부르시면 당장 이 땅을 떠날 수 있는 준비와 순종할 자세를 갖추고 있는지 돌아보아야 한다는 것입니다.

말씀 속으로

갈대아 우르를 떠나 하란에 정착한 아브라함의 가족들입니다. 아브라함은 일흔다섯 살이 될 때까지 그곳에서 살았습니다. 아버지 데라를 장사한 곳입니다. 그때 하나님이 아브라함을 부르십니다. "너는 너의 고향과 친척과 아버지의 집을 떠나 내가 네게 보여 줄 땅으로 가라"(창 12 : 1). 객지 생활을 정리하고 고향으로 돌아가야 할 나이임에도 아브라함은 여호와의 말씀을 따랐습니다. 조카 롯을 데리고 그의 아내 사라와 함께 하란에서 모은 모든 소유와 얻은 사람들을 이끌고 가나안 땅으로 나아갔습니다.

하나님은 자녀가 없는 아브라함에게 후손의 복을 약속하셨습니다

"사래는 임신하지 못하므로 자식이 없었더라"(창 11 : 30). 하란을 떠날 때 사라의 나이는 65세였습니다. 그러나 하나님은 아브라함에게 말씀하십니다. "내가 너로 큰 민족을 이루고 네게 복을 주어 네 이름을 창대하게 하리니 너는 복이 될지라"(창 12 : 2). 그 후 아브라함에게는 많은 아들을 주셨습니다. 하갈을 통해 이스마엘이라는 아들을 주셨고(창 16 : 16), 사라가 죽은 후에 후처 그두라를 통하여 여섯 명의 아들을 낳았습니다(창 25 : 1–2). 무엇보다 "여호와께서 말씀하신 대로"(창 21 : 1) 열국의 어머니라고 불리는 아내 사라가 아흔의 나이에 아들을 낳았으니 그가 바로 믿음의 대를 잇는 야곱(이스라엘)의 아버지인 이삭입니다. 그때 아브라함의 나이가 백 세였습니다(창 21 : 5).

땅의 모든 족속이 아브라함으로 말미암아 복을 받으리라고 하셨습니다

아브라함이 '믿음의 조상'이라 불리는 것은 하나님께서 "네가 복이 될지라."는 선언이 있었기 때문이기도 하지만 아브라함을 통하여 땅의 모든 족속이 복을 얻을 것이라는 약속이 있었기 때문입니다. 하나님은 세상을 사랑하셔서 한 민족, 한 사람을 선택하셨습니다. 그가 바로 열국의 아비인 아브라함입니다. 그는 나그네를 잘 대접하였습니다. 조카 롯을 도와주고 양보하는 사람이었습니다. 소돔과 고모라의 멸망을 막기 위하여 기도하는 사람이었습니다. 그리고 사랑하는 아들 이삭을 제물로 바치라는 하나님의 명령에도 순종하였습니다. 하나님은 아브라함의 믿음을 보시고 이를 그의 의로 여기셨습니다(창 15 : 6).

Tip. 아브라함과 사라의 명칭은 인물의 혼동을 피하기 위하여 하나로 통일하여 사용하였습니다.

1. 오늘 나눈 말씀 가운데 특별히 마음에 와닿은 구절이나 배움을 통하여 깨달은 점이나 느낀 점이 있다면 무엇이었습니까?
2. 아브라함처럼 하나님께 의롭다 인정하심을 받고, 자녀와 후손들이 복을 받게 되는 비결이 무엇이라고 생각하십니까?

생활 속으로

1. 나의 삶 가운데 하나님의 언약을 믿고 결단한 가장 큰 일이 있다면 무엇입니까?
2. 하나님의 말씀에 불순종함으로 인하여 후회하는 일이 있다면 무엇이며, 다시 기회가 주어진다면 어떻게 할 것인지 다짐을 적어 봅시다.

시편으로 드리는 기도

시편 105 : 7~10

하나님, 아브라함과 맺은 언약과 이삭에게 맹세하시고, 이스라엘에게 약속하신 영원한 언약을 기억합니다. 믿음으로 순종하는 저희가 되게 하여 주옵소서. 아멘.

제7과 리브가가 받은 하나님의 은혜

[오늘의 말씀 _ 창세기 24 : 60]

리브가에게 축복하여 이르되 우리 누이여 너는 천만인의 어머니가 될지어다 네 씨로 그 원수의 성 문을 얻게 할지어다

[찬송 _ 찬송가 430장(통 456장) 1절]

주와 같이 길 가는 것 즐거운 일 아닌가
우리 주님 걸어가신 발자취를 밟겠네
한 걸음 한 걸음 주 예수와 함께
날마다 날마다 우리 걸어가리

[삶을 나눠요]

"너희 몸을 하나님이 기뻐하시는 거룩한 산 제물로 드리라 이는 너희가 드릴 영적 예배니라"(롬 12 : 1)라는 말씀을 생각하며 일상생활에서 나를 산 제물로 드리는 것은 어떻게 하는 것인지 서로 나누어 보십시오.

마음을 여는 글

믿음이 좋은 권사님이 있었습니다. 한국전쟁 당시 이북에서 홀로 남한으로 넘어오신 분입니다. 믿음이 좋은 어머니로부터 가르침을 받은 대로 살려고 노력하신 분입니다. 결혼 후에 자녀가 없이 지내실 때도, 혼자 되신 후에도 늘 기도와 찬송으로 하루를 시작하시는 분입니다. 연세가 들어 교회 출입이 어려워졌을 때도 집에서 혼자 기도와 찬송으로 하루를 시작하셨습니다. 이분의 관심과 은사는 기독교 방송을 보거나 듣다가 마음에 감동이 되면 곧바로 방송국에 전화하여 선교에 동참하시는 것입니다. 이분을 통하여 선교지에 세워진 교회가 10여 개입니다. 일상 속에서 주님의 음성을 듣고 순종하며 쓰임 받는 삶을 본으로 보여 주신 분입니다.

말씀 속으로

리브가는 밧단아람에 사는 아가씨입니다. 어느 날, 리브가는 우물에서 물을 긷고 있었습니다. 이때 주인 아브라함의 명을 받은 종 엘리에셀은 그 우물 곁에서 유심히 지켜보고 있었습니다. 엘리에셀은 주인의 아들인 이삭의 신붓감을 찾아서 아브라함의 고향을 찾아온 길입니다. 물을 긷는 리브가를 지켜보던 엘리에셀은 리브가에게 물을 좀 마시게 해 달라고 부탁했습니다. 그러자 리브가는 기꺼이 깊은 우물에서 힘들게 길어 온 물을 내어 주었습니다. 그뿐만 아니라 엘리에셀 일행이 타고 온 낙타에게도 물을 길어 물을 마시게 해 주었습니다. 리브가는 일상생활 속에 친절함과 섬김과 배려가 몸에 배어 있었습니다. 친절하고 배려심이 많은 리브가를 보고 엘리에셀은 감동을 받습니다. 그리고 하나님의 인도하심을 느낄 수 있었습니다. 거기다 알고 보니 리브가는 아브라함의 동생 나홀의 손녀였습니다. 리브가의 모습을 지켜본 엘리에셀은 리브가의 집을 찾아갔습니다.

엘리에셀은 리브가의 집에서 아브라함의 조카인 브두엘과 그의 아들이자 리브가의 오빠인 라반을 만나 인사를 나누고 아브라함의 안부를 전했습니다. 그리고 여기까지 찾아오게 된 경위를 설명하고, 우물가에서 리브가를 만나는 과정에 하나님의 인도하심이 있었음을 자세히 설명했습니다. 그리고 정중하게 리브가를 아브라함의 며느리로 삼고 싶다는 뜻을 전했습니다. 당시는 혈족 간의 혼인이 자연스러웠던 때였습니다. 갑작스러운 혼인 제안을 받은 리브가의 집안은 당황스러워하면서도 거절하지 않고 흔쾌히 허락했습니다. "라반과 브두엘이 대답하여 이르되 이 일이 여호와께로 말미암았으니 우리는 가부를 말할 수 없노라 리브가가 당신 앞에 있으니 데리고 가서 여호와의 명령대로 그를 당신의 주인의 아들의 아내가 되게 하라"(창 24 : 50-51). 엘리에셀은 준비한 선물과 예물을 전달하고 리브가를 데리고 갈 준비를 합니다. 리브가의 가족들은 며칠 머물다가 가기를 원했지만 엘리에셀의 간절한 요청에 리브가는 지체 없이 순종합니다.

이렇게 리브가는 혼인을 위해 먼 길을 떠나게 됩니다. 그러자 가족들은 리브가를 축복하며 아브라함에게로 보냅니다. 이렇게 이삭과 혼인한 리브가는 열조의 어머니요, 믿음의 조상의 반열에 오르게 되었습니다. 이처럼 우리는 일상생활 속에서 다양하게 말씀하시는 주님의 음성을 듣고, 인도하시는 주님의 손길에 순종하며 살아갑니다.

1. 오늘 나눈 말씀 가운데 특별히 마음에 와닿은 구절이나 배움을 통하여 깨달은 점이나 느낀 점이 있다면 무엇이었습니까?
2. 일상생활에서 주님의 음성과 손길을 놓치지 않기 위해서 어떻게 해야 할지 나누어 봅시다.

생활 속으로

우리는 일상생활에서 다양한 모습으로 주님의 음성을 듣고, 주님의 손길을 경험합니다. 최근에 집, 일터, 마을 등에서 주님의 음성을 듣거나 주님의 손길을 느껴본 이야기를 나누어 봅시다.

시편으로 드리는 기도

시편 119 : 105

하나님, 내 삶에서 주의 말씀은 내 발의 등이요, 내 길의 빛입니다. 늘 깨어 주님의 음성에 귀를 기울이며 살게 하옵소서. 아멘.

제8과 야곱에게 찾아오신 하나님

[오늘의 말씀 _ 창세기 28 : 15]

내가 너와 함께 있어 네가 어디로 가든지 너를 지키며 너를 이끌어 이 땅으로 돌아오게 할지라 내가 네게 허락한 것을 다 이루기까지 너를 떠나지 아니하리라 하신지라

[찬송 _ 찬송가 384장(통 434장) 1절]

나의 갈 길 다가도록 예수 인도하시니
내 주 안에 있는 긍휼 어찌 의심하리요
믿음으로 사는 자는 하늘 위로 받겠네
무슨 일을 만나든지 만사형통하리라
무슨 일을 만나든지 만사형통하리라

[삶을 나눠요]

요즘 나의 예배 생활은 어떤지 서로 나누어 보십시오.

마음을 여는 글

"예배자"라는 찬양의 가사입니다. 이 가사를 찬찬히 생각하며 읽으면서 감동이 되거나 깨달음이 있는 곳에 밑줄을 쳐 봅시다. 그리고 서로 나누어 봅시다.

"아무도 예배하지 않는 그곳에서 주를 예배하리라 / 아무도 찬양하지 않는 그곳에서 나 주를 찬양하리라 / 누구도 헌신하지 않는 그곳에서 주께 헌신하리라 / 누구도 증거하지 않는 그곳에서 나 주를 증거하리라 / 내가 밟는 모든 땅 주를 예배하게 하소서 주의 보혈로 덮어지게 하소서 / 내가 선 이곳 주의 거룩한 곳 되게 하소서 주의 향기로 물들이소서"

말씀 속으로

구약시대의 사람들은 제단에서 하나님을 만났습니다. 그 후 성전을 짓고 난 뒤 하나님은 성전에 계시는 분이라고 생각했습니다. 교회에 나오는 것을 하나님을 만나러 간다고 하기도 합니다. 그래서 예배는 제단이나 성전이나 교회에서 드린다고 생각합니다. 아주 잘못된 표현은 아니지만 정확한 표현도 아닙니다. 우리는 하나님을 무소부재하신 분이라고 고백합니다. 계시지 않는 곳이 없고 어디나 계신다는 뜻입니다. 그리고 예배는 교회에서 드리지만, 집에서도 드릴 수 있고, 산이나 들에서도 드릴 수 있습니다. 어디에나 하나님을 예배할 수 있습니다. 성경에는 이런 경험을 하고 깜짝 놀란 사람이 바로 야곱입니다.

형을 속이고 장자의 명분을 가로채고, 아버지를 속여 장자의 축복을 받은 야곱은 할 수 없이 집을 떠나게 됩니다. 외삼촌 라반의 집이 있는 밧단아람으로 가는 길에 야곱은 루스라는 지방을 지나게 되었습니다. 저녁이 되어 부득이 산에서 노숙하게 된 야곱은 잠을 청하는 중에 하나님의 사자를 만나게 됩니다. 야곱은 깜짝 놀랍니다. 아버지 이삭을 따라 제단을 쌓고 하나님께 제사를 드리는 일은 있지만, 노숙하다가 하나님의 사자가 나타나는 것을 처음 경험한 것입니다. 야곱은 "여호와께서 과연 여기 계시거늘 내가 알지 못하였도다"(창 28 : 16)라고 고백합니다. 그리고 이곳 이름을 벧엘, 즉 하나님의 집이라고 부릅니다. '하나님은 여기도 계시는구나!', '이곳에서도 하나님께 예배할 수 있구나!'

우리는 어디서나 하나님께 예배할 수 있습니다. 바울과 실라는 빌립보 감옥에서도 주님께 기도하고 찬양을 드렸습니다(행 16 : 25). 내가 머무는 곳이 어디든지 그곳이 하나님을 예배하는 곳이 되어야 합니다. 그곳이 거룩한 곳이 되도록 해야 합니다. 우리가 즐겨 부르는 찬양 중에 이런 가사가 있습니다. "부르신 곳에서 나는 예배하네 어떤 상황에도 나는 예배하네" 그렇습니다. 우리는 어디에서나 하나님을 예배하는 예배자입니다. 야곱은 생각지도 못한 곳에서 주님을 만나 축복의 언약을 받았습니다. 주님은 어디에서나 예배하는 나와 함께하십니다.

1. 오늘 나눈 말씀 가운데 특별히 마음에 와닿은 구절이나 배움을 통하여 깨달은 점이나 느낀 점이 있다면 무엇이었습니까?
2. 교회에서 드리는 예배뿐만 아니라 어디에서나 주님을 예배하는 예배자로 살아야 한다는 것에 대해 어떻게 생각하십니까?

생활 속으로

교회에서 예배할 때는 주님이 나와 함께하신다는 것을 느끼게 되는데, 교회 밖에서는 잘 느끼지 못하는 이유는 무엇입니까?

1) 집에서 어려운 이유는?
2) 일터에서 어려운 이유는?
3) 운전할 때 어려운 이유는?

시편으로 드리는 기도

시편 89 : 11

하늘이 주의 것이요, 땅도 주의 것이요, 세계와 그중에 충만한 것이 다 주의 것이라고 말씀하시는 하나님, 어디에서나 하나님을 예배하며 살게 하옵소서. 아멘.

제9과 요셉을 통해 언약을 이루신 하나님

[오늘의 말씀 _ 창세기 50 : 20]

당신들은 나를 해하려 하였으나 하나님은 그것을 선으로 바꾸사 오늘과 같이 많은 백성의 생명을 구원하게 하시려 하셨나니

[찬송 _ 찬송가 546장(통 399장) 1절]

주님 약속하신 말씀 위에 서 영원토록 주를 찬송하리라
소리 높여 주께 영광 돌리며 약속 믿고 굳게 서리라
굳게 서리 영원하신 말씀 위에 굳게 서리
굳게 서리 그 말씀 위에 굳게 서리라

[삶을 나눠요]

하나님이 우리에게 주신 약속이 어떻게 이루어졌는지 서로 나누어 보십시오.

마음을 여는 글

미국 샌프란시스코의 금문교(Golden Gate Bridge)를 건설할 때 처음 1년 동안 23명이 떨어져서 죽었다고 합니다. 그래서 건설회사는 안전을 위해 거대한 망을 만들어서 깔아 놓았고 그 후에는 인부들이 실수해서 떨어져도 죽지 않았습니다. 그런데 이 안전망은 뜻하지 않은 효과를 가져왔는데 그것은 공사가 20%나 빨리 진행된 것입니다. 그 이유는 떨어져도 죽지 않는다고 생각한 인부들의 동작이 빨라지고 작업능률이 올랐기 때문입니다. 전에는 일하다가 떨어져서 죽을지도 모른다는 두려움이 그들을 압박하고 작업능률을 감소시킨 것입니다. 우리에게 확실한 믿음이 있으면 어떤 일을 만나도 두려워하지 않습니다.

말씀 속으로

하나님께서 아브라함과 이삭과 야곱에게 주신 약속은 요셉을 통해서 온전하게 이루어졌습니다. 요셉은 형들의 시기와 미움 때문에 애굽에 노예로 팔려 갔지만 하나님께서 그를 애굽의 총리로 세우셨습니다. 그리고 그의 아버지 야곱과 가족들이 애굽으로 이주해서 큰 민족으로 번성하게 되었습니다. 이것은 창세기 15장에서 하나님께서 아브라함에게 말씀하신 대로 된 것입니다.

우리는 아무도 하나님을 대신할 수 없습니다

아버지 야곱이 죽은 후에 형들은 요셉을 죽이려 하고 애굽에 팔아 버린 일로 요셉이 자신들에게 원수를 갚을지 모른다고 두려워했습니다. 그래서 요셉에게 아버지가 생전에 자기들을 용서하라고 부탁했다고 말했습니다. 로마서 12 : 19에 “내 사랑하는 자들아 너희가 친히 원수를 갚지 말고 하나님의 진노하심에 맡기라 기록되었으되 원수 갚는 것이 내게 있으니 내가 갚으리라고 주께서 말씀하시니라”라고 했습니다. 다른 사람이 내게 행한 악한 일에 대해 직접 원수를 갚는 것은 하나님이 하실 일을 내가 하는 것입니다. 원수를 갚는 것은 하나님께 맡기고 용서하고 사랑할 때 하나님의 언약이 나를 통해서 이루어집니다.

하나님은 악을 선으로 바꾸어 주십니다

요셉은 형들이 자기를 해치려고 했지만, 하나님께서 그것을 선으로 바꾸셔서 많은 사람의 생명을 구하게 하셨다고 말합니다. 창세기 45장에서는 하나님께서 그들과 가족들의 생명을 구원하시려고 자기를 먼저 애굽으로 보내신 것이라고 했습니다. 요셉은 자신이 버림받고 고난당한 것을 통해서 하나님께서 구원을 이루신 것을 깨닫고 고백했습니다. 우리 삶에 많은 고난과 역경이 있지만, 그 속에 하나님의 뜻과 섭리와 계획이 들어 있습니다. 그러므로 우리 삶에서 만나는 고난과 역경을 하나님의 눈으로 바라보고 하나님의 약속이 이루어지는 것을 믿고 기대하며 나아가야 합니다.

1. 오늘 나눈 말씀 가운데 특별히 마음에 와닿은 구절이나 배움을 통하여 깨달은 점이나 느낀 점이 있다면 무엇이었습니까?
2. 요셉처럼 모든 일을 하나님의 관점과 언약의 성취로 바라보려면 어떤 믿음을 가져야 할까요?

생활 속으로

1. 내 인생에서 가장 기억에 남는 다섯 개의 장면을 떠올려 봅시다.
2. 다섯 장면을 선택한 이유와 지금 내 인생에 어떤 영향을 끼쳤는지, 그리고 앞으로 꼭 하고 싶은 것은 무엇인지 이야기해 봅시다.

시편으로 드리는 기도

시편 23 : 1~4

하나님, 우리의 목자이신 하나님께서 우리에게 모든 것을 공급하시고 가장 좋은 길로 인도하심에 감사를 드립니다. 우리가 죽음의 험한 골짜기를 걸어가도 하나님께서 나와 함께 계시고 지켜 주심을 믿고 담대하게 믿음의 길을 걸어가게 하여 주옵소서. 아멘.

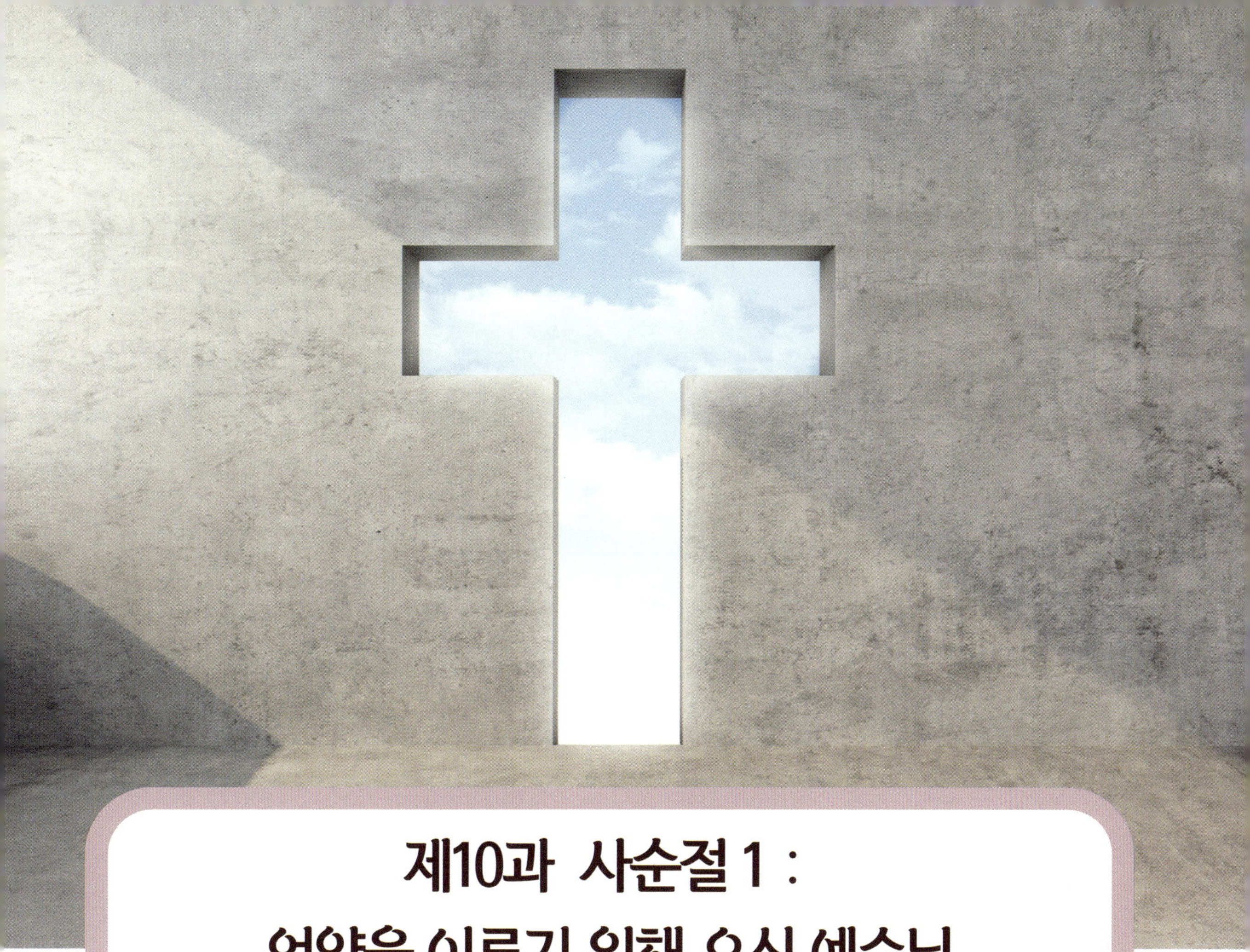

제10과 사순절 1 : 언약을 이루기 위해 오신 예수님

[오늘의 말씀 _ 누가복음 4 : 18-19]

주의 성령이 내게 임하셨으니 이는 가난한 자에게 복음을 전하게 하시려고 내게 기름을 부으시고 나를 보내사 포로 된 자에게 자유를 눈먼 자에게 다시 보게 함을 전파하며 눌린 자를 자유롭게 하고 주의 은혜의 해를 전파하게 하려 하심이라 하였더라

[찬송 _ 찬송가 93장(통 93장) 1절]

예수는 나의 힘이요 내 생명 되시니
구주 예수 떠나 살면 죄 중에 빠지리
눈물이 앞을 가리고 내 맘에 근심 쌓일 때
위로하고 힘 주실 이 주 예수

[삶을 나눠요]

온전히 하나님만 좇는 삶, 바라보는 삶이란 무엇인지 서로 나누어 보십시오.

마음을 여는 글

강해 설교자 척 스윈돌 목사가 이런 말을 했습니다. "우리에게 가장 필요한 것이 정보였다면 하나님은 우리에게 교육자를 보내셨을 것이다. 우리에게 가장 필요한 것이 기술이었다면 하나님은 우리에게 과학자를 보내셨을 것이다. 우리에게 가장 필요한 것이 돈이었다면 하나님은 우리에게 경제학자를 보내셨을 것이다. 우리에게 가장 필요한 것이 쾌락이었다면 하나님은 우리에게 연예인을 보내셨을 것이다. 그러나 우리에게 가장 필요한 것이 하나님과의 관계였기에 하나님은 우리에게 중보자요, 화목자이신 예수 그리스도를 보내신 것이다." 죄인인 우리에게 필요한 것은 우리를 죄와 멸망에서 구원할 구세주입니다.

말씀 속으로

예수님은 삼십 세에 안식일에 고향 나사렛의 회당에 들어가셔서 선지자 이사야의 말씀을 읽으셨습니다. 이 말씀은 이사야 61 : 1~3인데 하나님이 보내시는 메시야가 오셔서 은혜의 해를 선포하고 구원을 주실 것을 예언한 내용입니다. 예수님은 성경을 읽으신 후에 "이 글이 오늘 너희 귀에 응하였느니라"라고 말씀하심으로 자신이 하나님께서 이사야 선지자를 통해서 주신 언약대로 이 땅에 오신 것을 선포하셨습니다.

하나님이 보내신 예수님에게 하나님의 성령이 임하셨습니다

예수님이 요단강에서 세례 요한에게 세례를 받으실 때 성령이 비둘기같이 그 위에 임했습니다. 그리고 하늘에서 소리가 나서 "이는 내 사랑하는 아들이니 내가 너를 기뻐하노라."라고 했습니다. 이사야 선지자를 통해서 주신 언약대로 하나님의 아들이신 예수님에게 하나님의 영이신 성령이 임하셔서 하나님의 뜻을 따라 일하게 하신 것입니다. 이것은 성부, 성자, 성령 삼위일체 하나님께서 함께 일하시는 것을 보여 줍니다. 오늘도 성부, 성자, 성령 하나님께서 우리와 함께하시고 우리의 구원을 위해 일하고 계심을 믿어야 합니다.

예수님은 복음을 전하시려고 세상에 오셨습니다

하나님이 보내신 메시야인 예수님께 하나님의 영이 임하신 것은 가난한 자에게 복음을 전하게 하시려는 것이었습니다. 하나님은 포로 된 자에게 자유를 주고, 눈먼 자를 다시 보게 하고, 눌린 자를 자유롭게 하려고 예수님을 보내셨습니다. 그리고 그 일은 복음을 전파함으로 이루어지는 것입니다. 예수 그리스도의 십자가의 복음이 죄의 포로가 된 사람을 자유하게 하고, 욕심과 탐욕으로 눈먼 사람들을 다시 보게 하고, 환난과 고통으로 억눌린 사람들을 자유롭게 합니다. 복음의 능력으로 죄인을 구원하는 것이 하나님의 은혜입니다. 예수님을 믿고 영접하면 하나님이 약속하신 대로 모든 죄를 용서해 주시고, 멸망에서 구원하시고, 영생을 주시는 은혜를 입게 됩니다.

1. 오늘 나눈 말씀 가운데 특별히 마음에 와닿은 구절이나 배움을 통하여 깨달은 점이나 느낀 점이 있다면 무엇이었습니까?
2. 사람들에게 예수님의 이름으로 은혜의 해를 선포하기 위해서 우리가 무엇을 어떻게 해야 할지 나누어 봅시다.

생활 속으로

1. 지금 여러분에게 가장 필요한 것은 무엇인가요? 나누어 봅시다.
2. 성부, 성자, 성령 하나님께서 우리와 함께하심을 믿습니까? 그 믿음으로 인해서 자유한 경험이 있는지 이야기해 봅시다.

시편으로 드리는 기도

시편 4 : 7~8

하나님, 예수님을 통해서 우리에게 영원한 기쁨과 평안을 주셔서 감사합니다. 삶의 환경과 상황에 관계없이 하나님을 전적으로 신뢰하고 의지하여 평안하고 담대하게 살아가는 믿음을 주옵소서. 아멘.

제11과 사순절 2 : 눈먼 자를 고치신 예수님

[오늘의 말씀 _ 마태복음 9 : 29]

이에 예수께서 그들의 눈을 만지시며 이르시되 너희 믿음대로 되라 하시니

[찬송 _ 찬송가 366장(통 485장) 1절]

어두운 내 눈 밝히사 진리를 보게 하소서
진리의 열쇠 내게 주사 참 빛을 찾게 하소서
깊으신 뜻을 알고자 엎드려 기다리오니
내 눈을 뜨게 하소서 성령이여

[삶을 나눠요]

맹인들이 예수님을 따라오면서 "다윗의 자손이여 우리를 불쌍히 여기소서!"라고 외친 이유가 무엇인지 서로 나누어 보십시오.

마음을 여는 글

볼 수 없고, 들을 수 없고, 말할 수 없는 삼중고를 겪으며 살았던 헬렌 켈러가 남긴 17가지의 명언이 있습니다. 15번째 글은 "사흘 동안만 눈을 뜨고 볼 수 있다면 저 동쪽에 떠오르는 태양이 보고 싶구나! 서산에 지는 낙조가 보고 싶구나! 어머니 품에 안긴 채 젖을 먹는 어린아이의 얼굴이 보고 싶구나! 초롱초롱한 눈동자로 책을 읽고 있는 학생들의 눈동자가 보고 싶구나."이고 마지막 17번째는 "눈을 사용하라! 내일은 시력을 잃을지도 모른다는 생각을 가지고 매일 살아간다면 평소에는 당연시했거나 보지 못했던 세상의 경이로움을 새삼 발견하게 될 것이다."입니다. 우리는 건강한 두 눈을 가지고 있으면서도 보아야 할 것을 제대로 보지 못하는 맹인의 삶을 살고 있지 않습니까?

말씀 속으로

마태복음 9장에는 예수님의 치유사건 다섯 가지가 기록되어 있습니다. 중풍병자, 12년 동안 혈루증을 앓던 여인, 두 맹인, 말 못하는 사람을 예수님이 고치시고, 죽은 소녀까지 살리신 내용입니다. 그중에서 오늘은 두 맹인이 치유받은 내용을 중심으로 말씀을 나누도록 하겠습니다.

앞을 보지 못하는 두 사람은 예수님이 오신다는 소문을 듣고 기다렸다가 예수님이 지나가는 소리가 들리자 외쳤습니다. 그런데 이들이 예수님을 부를 때 사용한 호칭이 "다윗의 자손이여!"였습니다. 이것은 예수님에 대한 정확한 정보이며, 이들은 예수님을 믿고 있었던 것입니다.

예수님은 두 사람이 외치는 소리를 외면하지 않으시고 들으셨습니다. 그리고 두 맹인에게 "내가 능히 이 일 할 줄을 믿느냐?"라고 물으셨습니다. 이 질문에 두 맹인이 "주여 그러하오이다."라고 대답하자 예수님은 곧바로 그들의 눈을 만지시면서 "네 믿음대로 되라."라고 명하셨고, 곧바로 그들의 눈이 밝아졌습니다. 그런데 두 사람이 예수님의 능력으로 치유를 받았지만 선행된 조건이 있었습니다.

1) 예수님의 소문을 듣고 놓치지 않았습니다. 2) 예수님에 대한 정확한 정보를 믿었습니다. 3) 제대로 걸을 수 없는데도 예수님이 지나가시는 곳까지 걸어갔습니다. 4) "우리를 불쌍히 여기소서!"라고 외쳤습니다. 이와 같은 믿음의 행동에 대한 결과

가 어떻습니까? "그 눈들이 밝아진지라"라고 성경은 기록하고 있습니다. 우리는 기억해야 합니다. 의학적으로 못 고칠 질병이라도 주님의 능력으로는 치유할 수 있음을 믿어야 합니다. 확실한 신앙고백과 함께 주님의 능력을 믿고 나아갈 때 치유를 받게 됩니다. 이런 놀라운 은혜를 우리 모두가 체험합시다.

1. 오늘 나눈 말씀 가운데 특별히 마음에 와닿은 구절이나 배움을 통하여 깨달은 점이나 느낀 점이 있다면 무엇이었습니까?
2. 두 맹인처럼 확실한 믿음을 가지고 기도해서 병이 나았던 일이 있었는지 나누어 봅시다.

생활 속으로

1. 나의 삶에서 반드시 고치고 싶은 질병이 있다면 있는 대로 적어 봅시다.
2. 나의 욕심이나 잘못된 생각으로 영적인 안목이 어두워질 때는 없었나요? 이제는 어떤 눈으로 세상을 바라보아야 하는지 이야기해 봅시다.

시편으로 드리는 기도

시편 147 : 1~3

하나님, 내가 가지고 있는 질병을 고침 받고 싶습니다. 하나님은 우리에게 보여 주셨지만, 우리가 대수롭지 않게 여김으로 보지 못하지 않도록 해 주시고 밝은 영안을 갖고 살아가게 하옵소서. 아멘.

제12과 사순절 3 :
눌린 자를 자유롭게 하신 예수님

[오늘의 말씀 _ 마가복음 5 : 34]

예수께서 이르시되 딸아 네 믿음이 너를 구원하였으니 평안히 가라 네 병에서 놓여 건강할지어다

[찬송 _ 찬송가 337장(통 363장) 1절]

내 모든 시험 무거운 짐을 주 예수 앞에 아뢰이면
근심에 싸인 날 돌아보사 내 근심 모두 맡으시네
무거운 짐을 나 홀로 지고 견디다 못해 쓰러질 때
불쌍히 여겨 구원해 줄 이 은혜의 주님 오직 예수

[삶을 나눠요]

현재 나의 삶에서 영과 육을 짓누르고 있는 짐은 무엇인지 서로 나누어 보십시오.

마음을 여는 글

하루는 새 한 마리가 하나님께 물었습니다. "하나님, 왜 무거운 날개를 두 개씩이나 양어깨에 달아 놓으셨습니까?" 그러자 하나님께서 이렇게 대답하셨습니다. "네가 날 수 있는 것은 그 무거운 날개 때문이란다." 우리는 하늘을 날기 원하지만 무거운 날개는 싫어합니다. 무거운 짐을 싫어합니다. 몇 년 전, 한 프로그램에서 개그맨 이경규 씨가 대학생들을 대상으로 "인생의 짐을 함부로 내려놓지 마라."는 강연을 할 때, 자신의 지리산 등반 일화를 소개하면서 "배낭이 너무 무거워서 벗어버리고 싶었지만, 정상까지 올라가 배낭을 열어 보니 먹을 것이 가득했다."라고 말했습니다. 인생은 짐입니다. 그러나 그 짐 때문에 새로운 삶이 시작됩니다.

말씀 속으로

오늘 본문에 12년 동안 혈루증을 앓는 여인이 등장합니다. 이 여인에게 혈루증은 인생의 무거운 짐이었습니다. 매일같이 하혈을 한다고 생각해 보십시오. 하루가 지옥 같은 삶일진대 무려 12년 동안 앓았으니 큰 고생을 했습니다. 12년 동안 그냥 손 놓고 지낸 것이 아닙니다. 오늘 말씀에 보면 "많은 의사에게 많은 괴로움을 받았고 가진 것도 다 허비하였으되 아무 효험이 없고 도리어 더 중하여졌던 차에"(26절)라고 했습니다. 그야말로 해 볼 것은 다 해 본 것입니다. 그러나 병은 치유되지 않고 오히려 더 심해졌습니다. 이런 경우 어떻게 해야 합니까? 포기밖에 없습니다. 그러나 이 여인에게 치유받을 기회가 찾아옵니다. 예수님의 능력에 대한 소문을 듣고 마지막 한 가닥 희망을 갖게 된 것입니다. 이제는 능력이신 예수님을 만나서 고침 받는 길밖에 없습니다. 이 여인은 예수님이 지나가신다는 소문을 듣고 자신의 수치스럽고 냄새나는 몸을 이끌고 남몰래 나와 군중 속에 들어갔습니다. 그리고 예수님이 그렇게도 능력이 많으신 분이라면 그분의 옷자락에 손만 대어도 고침 받을 수 있다는 생각에 군중들을 비집고 들어가 드디어 예수님의 옷에 손을 대었습니다(27절). 아니 이게 웬일입니까? 조금 전까지도 하혈하는 것을 느꼈는데 예수님의 옷에 손을 대는 순간에 하혈이 멈춘 것이 느껴졌습니다(29절).

그때 예수님은 자기에게서 능력이 나가신 것을 알고 "누가 내 옷에 손을 대었느냐?"(30절)라고 물으시니 제자들이 곧바로 반응합니다. "이렇게 많은 사람들이 서로 밀고 당기고 하는데 누가 손을 대었는지 어떻게 알 수 있습니까?"라고 할 때에 예수님은 주위를 둘러보십니다. 그때 이 여자는 다소 두려운 마음을 갖고 사람들이 보는 앞에서 엎드려 예수님에게 이실직고합니다(33절). 이때 예수님은 여인을 향하여 "딸아 네 믿음이 너를 구원하였으니 평안히 가라 네 병에서 놓여 건강할지어다"(34절)라고 말씀하셨습니다. 12년 동안 지고 가던 무거운 짐이 예수님을 만나 순식간에 벗어지고 해방되었습니다. 할렐루야!

1. 오늘 나눈 말씀 가운데 특별히 마음에 와닿은 구절이나 배움을 통하여 깨달은 점이나 느낀 점이 있다면 무엇이었습니까?
2. 아무리 무거운 짐이라도 누구를 만나면 해결받을 수 있습니까?

생활 속으로

1. 나에게 무거운 짐으로 여겨지는 것들이 무엇인지 적어 봅시다.
2. 현재 나의 고난과 이를 통해 얻게 된 유익이 무엇이었는지 이야기해 봅시다.

시편으로 드리는 기도

시편 118 : 5~9

하나님, 어떤 고난이 오더라도 하나님을 찾게 하옵소서. 여호와 하나님께 피하는 것이 나음을 깨달아 알게 하소서. 나를 짓누르는 무거운 짐에서 벗어나게 하셔서 나를 넓은 곳에 세워 주소서. 아멘.

제13과 사순절 4 : 은혜를 전파하신 예수님

[오늘의 말씀 _ 누가복음 15 : 24]

이 내 아들은 죽었다가 다시 살아났으며 내가 잃었다가 다시 얻었노라 하니 그들이 즐거워하더라

[찬송 _ 찬송가 314장(통 511장)]

내 구주 예수를 더욱 사랑
엎드려 비는 말 들으소서
내 진정 소원이 내 구주 예수를
더욱 사랑 더욱 사랑

[삶을 나눠요]

하나님의 집에서 함께 살아간다는 것은 무엇을 의미하는지 서로 나누어 보십시오.

마음을 여는 글

누구나 집을 떠난 사람은 고향집을 그리워합니다. C. S. 루이스는 『영광의 무게』(홍성사, 2008)에서 인생에 대하여 영적 향수를 그리워하는 존재라고 말합니다. "자신의 과거에 대한 추억은 우리에게 참된 갈망의 대상이 따로 있음을 여실히 보여 주는 그림자다. 그림자를 실체로 착각하면 그것이 무력한 우상으로 변해 숭배자를 슬픔에 잠기게 한다. 우리는 자신이 우주의 무언가로부터 단절되었다고 느낀다. 그래서 우리에게는 다시 이어지고 싶은 그리움이 있다. 평생의 향수다. 이런 향수는 우리의 실상을 보여 주는 확실한 지표다." 우리는 영적 유랑자입니다. 하나님 아버지의 집을 떠났기 때문입니다. 태초에 우리 삶은 본래 하나님의 임재 안에 있었으나 죄로 인해 하나님의 집을 떠난 삶은 하나님을 그리워하는 유랑자일 수밖에 없습니다.

말씀 속으로

두 아들의 비유만큼 복음의 본질과 하나님의 은혜를 잘 담아낸 비유는 없을 것입니다. 어느 날 둘째 아들은 뜬금없이 아버지께 유산을 요구합니다. 당시에 살아 있는 아버지의 유산을 요구하는 것은 아버지가 죽기를 바라는 것과 같은 행동입니다. 가부장 중심의 사회에서 이렇게 무례한 요구를 하는 아들이라면 당연히 아버지의 집에서 쫓겨나도 할 말이 없는 상황입니다. 그러나 아버지는 뜻밖에도 아들에게 조건 없이 '살림'을 나누어 줍니다. '살림'은 헬라어로 '생명'을 뜻하는 단어입니다. 아버지는 둘째 아들의 요구에 생명과도 같은 재산을 순순히 내어 준 것입니다. 아버지를 거부하며 모욕한 아들을 아버지는 참고 견딥니다. 이해할 수 없는 아버지의 마음입니다.

둘째 아들은 스스로 돌이켜 아버지께로 돌아갔습니다

둘째 아들은 재산을 가지고 먼 나라로 갔는데 그만 허랑방탕하여 재산을 탕진하게 됩니다. 흉년이 들어 궁핍해지자 돼지가 먹는 쥐엄 열매로 배를 채울 지경에 이릅니다. 돼지는 중동지방에서 부정한 짐승으로 여기는데, 돼지만도 못한 처지가 된 것입니다. 이에 둘째 아들은 스스로 돌이켜 죄인인 것을 자각하고 아버지의 품꾼이라도 되기를 바라는 마음으로 돌아옵니다.

하나님 아버지의 사랑은 조건이 없는 사랑입니다

거리가 먼데 아버지는 아들을 보고 달려갑니다. 아버지는 아들에게 달려가 목을 안고 입을 맞춥니다. 아들을 외면하거나 배상을 요구하기는커녕 오히려 제일 좋은 옷을 입히고 손에 가락지를 끼워 주고 심지어 살찐 송아지를 잡아 잔치까지 엽니다. 재산을 탕진하고 가문에 먹칠을 했지만 여전히 상속자요, 아들로 인정하겠다는 행위입니다. 아버지의 사랑은 조건이 없습니다. 이처럼 하나님 아버지의 사랑은 값없이 베푸시는 선물입니다. 이 은혜로 우리는 자녀가 되었습니다.

1. 오늘 나눈 말씀 가운데 특별히 마음에 와닿은 구절이나 배움을 통하여 깨달은 점이나 느낀 점이 있다면 무엇이었습니까?
2. 우리가 구원받은 것이 전적인 하나님의 은혜임을 진심으로 깊이 고백하고 있는지 나누어 봅시다.

생활 속으로

1. 인생을 살다가 문득 고향집이 그리워질 때가 있습니다. 그 이유를 세 가지로 말해 봅시다.
2. 우리에게 고향을 그리워하는 마음이 있다는 것은 영적인 고향을 향한 향수가 있음을 증명하는 단서입니다. 내게 하나님 아버지의 집은 어떤 의미가 있는지 이야기해 봅시다.

시편으로 드리는 기도

시편 23 : 6

하나님, 목자 되시는 하나님의 선하심과 인자하심이 나를 따르실 줄 믿습니다. 영원히 여호와의 집, 하나님의 품 안에 머무는 삶을 살아가게 하옵소서. 아멘.

제14과 사순절 5 : 수난을 예고하신 예수님

[오늘의 말씀 _ 마가복음 8 : 31]

인자가 많은 고난을 받고 장로들과 대제사장들과 서기관들에게 버린바 되어 죽임을 당하고 사흘 만에 살아나야 할 것을 비로소 그들에게 가르치시되

[찬송 _ 찬송가 303장(통 403장) 1절]

날 위하여 십자가의 중한 고통 받으사
대신 죽은 주 예수의 사랑하신 은혜여
보배로운 피를 흘려 영영 죽을 죄에서
구속함을 받은 우리 어찌 찬양 안할까

[삶을 나눠요]

자기를 부인하고 자기 십자가를 지는 삶이란 무엇인지 서로 나누어 보십시오.

마음을 여는 글

불치병을 앓는 한 청년이 복음을 듣고 그리스도인이 되었습니다. 그는 몸이 불편하여 교회에 나가 예배드릴 수 없는 현실을 슬퍼했습니다. 소식을 들은 목사님이 청년을 찾아와 병상에서라도 기도드리면 하나님을 기쁘시게 할 수 있다고 권면했습니다. 청년은 기쁜 마음으로 기도 생활을 시작했습니다. 그 후 마을에 영적 부흥이 일어나 교회에 나가는 사람이 많아졌습니다. 청년은 병상에서 교회의 부흥과 교회에 새로 나가는 사람을 궁금해했습니다. 그러던 어느 날 청년은 병으로 세상을 떠났습니다. 그리고 그 청년의 베개 밑에 사람들의 이름이 기록된 기도 노트가 발견되었는데, 이들은 새로 교회에 나가 구원받은 사람들이었습니다. 질병 중에 자기를 부인하고 기쁨으로 기도한 청년이 수많은 생명을 살린 것입니다.

말씀 속으로

예수님은 참된 제자의 요건으로 "누구든지 나를 따라오려거든 자기를 부인하고 자기 십자가를 지고 나를 따를 것이니라"(막 8 : 34) 하고 말씀합니다. 이 말씀을 가장 먼저 성취한 이는 예수님입니다. 십자가는 예수님이 하나님의 뜻을 이루기 위해 온전히 하나님께 순종하신 사건입니다. 이를 위해 주님께서는 아버지의 뜻대로 되기를 원하며 간절히 겟세마네에서 기도하셨습니다. 예수님은 먼저 자기를 부인하고 십자가를 지심으로 우리의 모든 죄를 용서하시고, 의롭다 여기시며, 하나님의 자녀 되게 하셔서 새 생명을 얻은 자유인이 되게 하셨습니다. 십자가는 은혜의 자리입니다.

십자가에서 보이신 은혜는 새로운 삶을 살아가게 하는 힘입니다

십자가는 하나님의 사랑과 은혜를 입은 이들이 새로운 생명으로 살아가게 되는 자리입니다. 우리가 새로운 삶을 시작할 수 있는 이유는 오직 하나님의 은혜와 사랑으로만 가능합니다. 십자가에서 시작되는 새로운 삶의 핵심은 하나님과 맺는 새로운 관계입니다. 우리는 베드로처럼 실패도 허물도 많습니다. 하지만 십자가에서 맺어 주신 하나님과의 관계는 그 무엇으로도 떼어 낼 수 없는 사랑의 관계입니다. 우리는 십자가의 은혜를 힘입어 새로운 삶을 살아갑니다.

참된 제자의 삶은 자기를 부인하고 십자가를 지는 삶입니다

십자가의 은혜를 입은 하나님의 자녀는 예수님을 따르는 제자입니다. 제자의 삶은 '자기를 부인하고 자기 십자가를 지고 주님을 따르는 사람'입니다. 자기를 부인하는 것은 현실의 삶을 포기하거나, 금욕주의에 빠지는 것이 아닙니다. 자신을 학대하거나 정죄하는 것도 아닙니다. 자기를 부인하는 것은 하나님의 뜻을 우리 자신의 뜻보다 항상 위에 놓는 것을 의미합니다. 그 무엇보다 하나님께 더 가까이 다가가는 것을 선택하는 삶입니다. 불행이나 역경, 슬픔이나 상처가 있을 때도 낙심하지 않고 십자가의 은혜 안에서 하나님을 소망으로 바라며 인내하는 것입니다. 하나님의 사랑을 신뢰하며 살아갈 때 누구도 빼앗을 수 없는 풍성한 생명의 기쁨을 누리게 됩니다.

1. 오늘 나눈 말씀 가운데 특별히 마음에 와닿은 구절이나 배움을 통하여 깨달은 점이나 느낀 점이 있다면 무엇이었습니까?
2. 자기를 부인하는 것에 대해 오해한 것이 있다면 무엇인지 이야기해 봅시다.

생활 속으로

1. 주님의 십자가가 내게 진정한 은혜인 이유는 무엇입니까?
2. 십자가의 은혜 앞에서 '자기를 부인하고 자기 십자가'를 져야 할 영역은 무엇인지 이야기해 봅시다.

시편으로 드리는 기도

시편 103 : 13~18

하나님, 우리의 인생의 날은 풀과 같고 영화는 꽃과 같이 사라질 뿐이나 여호와의 인자하심은 영원부터 영원까지 이르며 자손의 자손에게 이른다 약속하시오니 하나님의 끊을 수 없는 사랑 안에 거하게 하옵소서. 아멘.

제15과 종려주일 : 예루살렘에 입성하신 예수님

[오늘의 말씀 _ 요한복음 12 : 13]

종려나무 가지를 가지고 맞으러 나가 외치되 호산나 찬송하리로다 주의 이름으로 오시는 이 곧 이스라엘의 왕이시여 하더라

[찬송 _ 찬송가 151장(통 138장) 1절]

만왕의 왕 내 주께서 왜 고초당했나
이 벌레 같은 날 위해 그 보혈 흘렸네
십자가 십자가 내가 처음 볼 때에 나의 맘에 큰 고통 사라져
오늘 믿고서 내 눈 밝았네 참 내 기쁨 영원하도다

[삶을 나눠요]

'예수님의 십자가' 하면 생각나는 내용들을 서로 나누어 보십시오.

마음을 여는 글

신학자 존 라일의 고백입니다.
"진정한 그리스도인가? 그러면 세상으로부터 나와서 분리되어야 하며 기꺼이 고립되어야 한다. 우리도 주님처럼 우리도 기꺼이 자기 십자가를 매일 짊어져야 하며 박해를 받아야 한다. 십자가는 장식으로 몸에 지니고 교회나 무덤에 형상으로 세워 두는 것 아니라 우리 심중에 십자가를 지니는 것, 매일의 삶 속에 십자가를 짊어지는 것, 그리스도의 고난에 진정으로 동참하는 것, 그의 죽음을 닮는 것, 십자가에 못 박힌 자신을 보는 것, 그리스도처럼 십자가 희생의 삶을 사는 것 그것이 십자가를 지는 것이다. 십자가의 삶은 진정한 자기 부인이 있을 때 가능한데 당신은 그러한가?"

말씀 속으로

예수님은 삼 년에 걸친 공생애 기간 동안 많은 사건들이 있었고 많은 사람들이 함께했습니다. 그들은 예수님께서 온갖 병자들을 고쳐 주신 현장에도, 보리떡 다섯 개와 물고기 두 마리로 오천 명을 먹이신 현장에도, 베다니에서 죽은 나사로를 일으킨 기적의 현장에도 함께했고 그곳에 없었더라도 예수님의 소문을 들었습니다. 그리고 유월절을 지키기 위하여 전국 각처에서 올라온 많은 사람들이 모여들기 시작하였을 때 그들도 마침 예수님께서 예루살렘 성으로 들어오신다는 소문을 들었습니다. 그들은 어떻게 예수님을 환영했을까요?

호산나! 호산나!

사람들은 그동안 멀리서 소문으로 들었던 예수님이 예루살렘 성으로 다가오시자 기뻤습니다. 그들은 종려나무 가지를 꺾어 흔들고 겉옷을 벗어 길에 깔면서 "호산나! 호산나! 주의 이름으로 오시는 이여! 이스라엘의 왕이시여!" 하고 소리를 치며 예수님의 예루살렘 입성을 환영하며 맞이했습니다. '호산나'는 '구원하소서'라는 의미입니다. 사람들은 예수님을 로마의 압제에서 힘겹게 사는 삶을 해방시켜 줄 분으로 생각하여 "이제 우리를 구원하십시오! 당신만이 우리를 해방시키실 왕입니다!" 하면서 그렇게 기쁘게 맞이했던 것입니다.

예언의 말씀을 이루신 예수님

그런데 예루살렘 성으로 들어오시는 예수님은 군마를 타고 당당하게 들어오는 위대한 개선장군이나 통치자의 행차가 아니라 한 어린 나귀를 타시고 초라하게 들어오셨습니다. 예수님은 우리를 죄에서 구원하시기 위하여 십자가에서 죽으심으로 하나님과 우리 사이의 죄에 대한 진노와 형벌의 담을 제거시키시고 하나님과 평화의 관계를 맺게 해 주시려고 구약에 예언된 말씀처럼 가장 겸손한 모습으로 예루살렘 성에 들어오신 것입니다.

오늘은 종려주일입니다. 그리고 고난주간이 시작되는 첫날이기도 합니다. 예수님의 구원의 은혜를 기억하며 감사하는 한 주간을 보내시기 바랍니다.

1. 오늘 나눈 말씀 가운데 특별히 마음에 와 닿은 구절이나 배움을 통하여 깨달은 점이나 느낀 점이 있다면 무엇이었습니까?
2. 십자가에서 죽으시기 위하여 예루살렘 성으로 들어오시는 예수님께 우리는 어떤 고백을 드릴 수 있을지 나누어 봅시다.

생활 속으로

1. 예수님을 만난 첫 시간, 첫사랑을 기억하고 감사의 기도를 드립시다.
2. 그리스도인들의 인생의 목적이 예수님을 닮아 가는 것이라면 우리에게도 지고 가야 할 사명의 십자가가 있습니다. 나의 사명의 십자가는 무엇인지 생각해 봅시다.

시편으로 드리는 기도

시편 22 : 1

하나님, 십자가의 죽음을 앞두고 겟세마네 동산에서 기도를 드리시던 예수님처럼 우리의 인생길에 십자가의 고통이 보여질 때 하나님의 뜻을 먼저 헤아리는 자녀 되게 하여 주옵소서. 아멘.

제16과 부활주일 : 약속대로 부활하신 예수님

[오늘의 말씀 _ 요한복음 20 : 18]

막달라 마리아가 가서 제자들에게 내가 주를 보았다 하고 또 주께서 자기에게 이렇게 말씀하셨다 이르니라

[찬송 _ 찬송가 160장(통 150장) 1절]

무덤에 머물러 예수 내 구주 새벽 기다렸네 예수 내 주
원수를 다 이기고 무덤에서 살아나셨네
어두움을 이기시고 나와서 성도 함께 길이 다스리시네
사셨네 사셨네 예수 다시 사셨네

[삶을 나눠요]

지난 한 주간 동안 부활절을 기다리며 예수님을 전한 경험을 서로 나누어 보십시오.

마음을 여는 글

영국의 시인 로버트 브라우닝이 인생의 어려움을 만나서 방황할 때의 일입니다. 당시 그는 로마 교외의 한 빈민촌에 머물며 아침마다 출근하는 사람들을 바라보곤 했습니다. 모두 다 피곤한 얼굴, 어두운 표정이었습니다. 그런데 일터로 나가며 즐겁게 노래를 부르는 한 소녀를 보았습니다. 그 희망찬 모습에 감동한 브라우닝은 "피파의 노래"(Pippa's Song)라는 시를 지어 그 희망을 나누기 원했습니다. "한 해는 봄으로 시작하네 하루는 아침으로부터, 아침은 7시로부터. 언덕의 이슬은 진주처럼 빛나고…… 주님은 살아계시니 오늘도 모든 일은 잘되리라. 주님은 살아계시니 오늘도 모든 일은 승리하리라."

말씀 속으로

마리아는 예수님이 돌아가신 후, 안식 후 첫날 이른 새벽에 예수님의 무덤에 갔습니다. 무덤에 도착했을 때 그녀는 깜짝 놀랐습니다. 예수님의 무덤을 굳게 막아 두었던 큰 돌이 굴려져 있었기 때문입니다. 마리아는 제자들에게 이 사실을 전했습니다. 이 말을 듣고 베드로와 예수님이 사랑하시던 제자가 뛰어가 비어 있는 무덤을 보았지만, 그들은 예수님이 죽은 사람들 가운데서 반드시 살아나야 한다는 성경 말씀을 깨닫지 못했기에 자기들의 집으로 다시 돌아가고 말았습니다.

막달라 마리아를 만나 주신 부활하신 예수님

제자들이 돌아간 후에도 떠날 수 없었던 막달라 마리아는 혼자서 예수님의 무덤 밖에 서서 울고 있었습니다. 그러다 몸을 구부려 안을 들여다보았을 때 그녀는 천사를 보았습니다. 마리아는 천사에게 "누가 우리 주님을 가져가서 어디에 두었는지 모르겠습니다." 하고 안타까운 마음으로 말하였습니다. 그 뒤에 예수님이 서 계셨지만 마리아는 그분이 예수님이신 줄을 알지 못하였습니다. 그때 예수님은 "마리아야!" 부르시며 자신을 나타내셨습니다. 마리아는 "라부니!"(선생님) 하고 부르며 지금 자기 앞에 서 계신 분이 바로 죽음을 이기시고 말씀대로 다시 살아나신 예수님이시라는 것을 알았습니다.

"내가 주를 보았어요"라고 전한 마리아

부활하신 예수님을 만난 마리아는 다시 제자들이 있는 곳으로 달려가서 외쳤습니다. "내가 주를 보았어요. 부활하신 예수님을 만났어요. 예수님은 '내가 내 아버지 곧 너희 아버지, 내 하나님 곧 너희 하나님께로 올라간다.'라고 여러분에게 전하라 하셨어요." 하며 부활의 기쁜 소식을 전하였습니다. 마리아는 부활하신 예수님을 처음 만난 복의 사람이 되었습니다. 우리도 때로는 슬픔에 잠겨서 부활하신 예수님이 앞에 계신데도 알아보지 못할 때가 있습니다. 그러나 그 시간은 낙담하여 울고 있던 마리아를 찾아와 "왜 여기서 울고 있느냐?" 하고 위로해 주시던 부활의 예수님이 우리를 만나 주시는 시간입니다.

1. 오늘 나눈 말씀 가운데 특별히 마음에 와닿은 구절이나 배움을 통하여 깨달은 점이나 느낀 점이 있다면 무엇이었습니까?
2. "내가 주를 보았어요." 하고 외치던 마리아처럼 우리가 부활하신 예수님을 전해야 하는 사람들은 누구인지 나누어 봅시다.

생활 속으로

1. 고린도전서 15장은 부활 장이라는 별명이 있습니다. 고린도전서 15장을 한 주간 동안 필사하여 가족들에게 믿음의 고백으로 보여 줍시다.
2. 예수님을 모르는 식구나 이웃에게 전화를 하거나 선물을 주면서 "예수님이 부활하셨어요."라고 전합시다.

시편으로 드리는 기도

시편 42 : 5

하나님, 예수님의 부활 소식을 들으며 함께 기뻐합니다. 내 속에 낙심하며 불안해하는 시간이 올 때마다 마리아처럼 부활의 예수님을 만나는 은혜의 자녀 되어 기뻐하며 찬송하게 하여 주옵소서. 아멘.

제17과 부활하신 예수님을 만난 도마

[오늘의 말씀 _ 요한복음 20 : 28]

도마가 대답하여 이르되 나의 주님이시요 나의 하나님이시니이다

[찬송 _ 찬송가 545장(통 344장) 1절]

이 눈에 아무 증거 아니 뵈어도 믿음만을 가지고서 늘 걸으며
이 귀에 아무 소리 아니 들려도 하나님의 약속 위에 서리라
걸어가세 믿음 위에 서서 나가세 나가세 의심 버리고
걸어가세 믿음 위에 서서 눈과 귀에 아무 증거 없어도

[삶을 나눠요]

보지 못하는 하나님을 어떻게 믿을 수 있는지 서로 나누어 봅시다.

마음을 여는 글

실존 철학자 하이데거는 사람에게는 세 가지의 실존적인 고민이 있다고 말했습니다. 첫째는 물질에 대한 것이요, 둘째는 사람에 대한 것이고, 셋째는 자신에 대한 것입니다. 사람은 누구나 많은 돈을 벌려고 합니다. 그것이 성공하면 다음으로는 사람을 자기 마음대로 지배하려는 권력을 갖기 원합니다. 만약 그것도 성공하면 마지막으로 자기 자신에 대해 깊은 고민을 하게 됩니다. 첫 번째 고민을 푸는 자가 간혹 있습니다. 두 번째 고민을 푸는 자도 간혹 있습니다. 그러나 세 개의 고민을 모두 푸는 자는 그리 많지 않다고 하이데거는 말했습니다. 이 세 번째의 고민을 풀어 주는 것은 바로 신앙이기 때문입니다.

말씀 속으로

십자가에 달려 돌아가신 예수님께서 사흘만에 부활하셨습니다. 그리고 갈릴리로 가셔서 많은 제자들을 만나셨습니다. 그런데 부활하신 예수님이 나타난 자리에 도마만 빠져 있었습니다. 제자들이 도마에게 전했습니다. "예수님이 부활하셨어. 우리가 그분을 만났어!" 그러나 도마는 이 사실을 믿지 못했습니다. "내 손가락을 그분의 못 자국에 넣어 보기 전까지는 절대로 믿을 수 없어."

며칠이 지났습니다. 예수님이 제자들에게 다시 나타나셨습니다. 그리고 도마에게 말씀하십니다. "네 손가락을 내밀어 내 손을 보고 네 손을 내밀어 내 옆구리에 넣어 보아라. 그리고 믿음 없는 자가 되지 말고, 믿는 자가 되라." 부활하신 예수님을 만난 도마는 그제서야 고백합니다. "나의 주님이시오. 나의 하나님이십니다." 이 고백을 듣고 예수님은 제자들에게 말씀하십니다. "나를 보고 나서 믿는 것보다 보지 않고 믿는 것이 더 복되도다." 의심 많은 도마는 그렇게 부활하신 예수님을 믿게 되었습니다. 우리는 오늘 말씀에서 두 가지의 중요한 교훈을 얻게 됩니다.

첫째, 예수님을 만난 자는 모든 의심이 사라지게 됩니다

의심이라는 것 자체가 나쁜 것은 아닙니다. 인간은 생각하는 존재이기 때문에 논리적으로 생각하고 의심할 수 있습니다. 신앙에 대해서도 진지하게 고민하고, 의심하고, 확인할 수 있습니다. 그러나 예수님은 그런 자들을 포기하지 않으시고 예수님의 부활을 증거하십니다. 예수님을 만난 자는 모든 의심이 사라집니다. "백문이 불여일견"이라는 말이 있습니다. 아무리 여러 번 들어도 직접 본 것만 못하다는 것입니다. 하나님을 경험하는 것도 그렇습니다. 살아계신 하나님을 만나면 모든 의심은 사라집니다.

둘째, 더 큰 믿음은 경험까지도 넘어서는 것입니다

한 번 믿기만 하면 우리는 주의 모든 말씀을 믿을 수 있습니다. 하나님을 믿기에 하나님께서 천지를 창조하신 것을 믿고, 예수님의 부활도 믿게 되는 것입니다. 부활을 믿기에 천국도 믿는 것입니다. 믿음은 모든 의심을 사라지게 합니다. 하나님에 대한 흔들림이 없는 신앙이 중요한 것입니다.

1. 오늘 나눈 말씀 가운데 특별히 마음에 와닿은 구절이나 배움을 통하여 깨달은 점이나 느낀 점이 있다면 무엇이었습니까?
2. 도마가 부활하신 예수님을 만났을 때 어떤 마음이 들었을지 나누어 봅시다.

생활 속으로

1. 내가 하나님을 믿게 된 결정적인 계기가 무엇입니까?
2. 하나님을 믿지 않는 사람들에게 하나님에 대해서 무엇을 말할 수 있습니까?

시편으로 드리는 기도

시편 14 : 1~3

하나님, 하나님이 살아계신 것과 천지를 창조하신 것을 믿게 하옵소서. 하나님을 온전히 바라보는 우리가 되게 하옵소서. 아멘.

제18과 구원을 약속하신 하나님

[오늘의 말씀 _ 출애굽기 3 : 10]

이제 내가 너를 바로에게 보내어 너에게 내 백성 이스라엘 자손을 애굽에서 인도하여 내게 하리라

[찬송 _ 찬송가 217장(통 362장) 1절]

하나님이 말씀하시기를 네 맘을 나에게 바치어라
너 어디 있든지 날 섬기며 기쁘게 날 항상 의지하라
바치어라 네 마음을 주께서 나에게 이르시네
캄캄한 죄에서 불러내신 주께서 늘 인도하시리라

[삶을 나눠요]

내가 지금까지 주님을 위해서 한 일 중에 제일 잘한 것이 무엇인지 서로 나누어 보십시오.

마음을 여는 글

스위스의 알프스 산에 한 오두막집이 있었습니다. 이 집은 '종 치는 집'이라고 불렸는데 아들을 잃은 어머니의 정성으로 만들어진 집이었습니다. 이 깊은 골짜기에는 겨울이 찾아오면 눈이 바람에 날려 앞을 볼 수가 없고, 사방이 흰 눈으로 덮여서 등산하는 사람들이 길을 잃기 쉬웠습니다. 그래서 바람이 부는 날이면 누구든지 이 집 가까이에 있던 사람들이 곧 종을 치기 시작한다고 합니다. 그래서 길을 잃은 사람들이 종소리를 듣고 구조를 받게 되는 것입니다. 누군가는 이 일을 해야 합니다. 이 일을 해야 한다고 생각하는 것이 바로 사명입니다.

말씀 속으로

모세가 광야에서 지낸지 40여 년의 세월이 흘러 어느덧 80세의 노인이 되었습니다. 어느 날 모세는 호렙산 근처에서 불에 타는 떨기나무를 발견하게 되었습니다. 신기한 마음에 다가가자 한 음성이 들렸습니다. "네가 선 땅은 거룩한 땅이니 네 발에서 신을 벗으라." 모세는 그 말씀대로 신을 벗고 계속해서 음성을 들었습니다. "나는 네 조상의 하나님이다. 지금 이 민족의 고통의 부르짖음을 듣고 이 민족을 약속의 땅 가나안으로 이끌고 가려고 한다. 그 인도자는 바로 너, 모세이다. 내가 너와 함께할 것이요. 너는 그 일을 감당할 것이다." 그러나 모세는 하나님의 음성을 듣고도 자신이 없었습니다. "내가 이스라엘 자손에게 가서 나를 보낸 신이 누구냐고 하면 뭐라고 대답해야 합니까?" 하나님이 다시 모세에게 말씀하십니다. "나는 스스로 있는 자니라 스스로 있는자가 너를 보냈다고 하라." 모세는 계속되는 하나님과의 대화를 통해서 결국 이스라엘의 지도자가 되기로 결단하게 됩니다. 우리는 이 장면을 통해서 두 가지의 중요한 신앙적 교훈을 얻게 됩니다.

첫째, 우리에게 사명의 순간이 있다는 것입니다

40년을 왕궁에서 보낸 모세가 불미스러운 사건으로 사람을 죽이고, 광야로 도망치게 되어 또다시 40년의 세월을 보내게 됩니다. 이제 모세는 80세의 노인입니다. 그의 인생이 이렇게 끝난다 해도 별로 이상할 것이 없었습니다. 그러나 하나님은 바로 그런 모세를 통해서 이스라엘의 지도자가 되게 하셨습니다. 사명에는 나이가 따로 없습니다. 사명에는 직업도 따로 없습니다. 하나님의 선택에 우리에게는 순종만 있을 뿐입니다.

둘째, 순종하는 자에게 하나님은 감당할 수 있는 능력을 주신다는 것입니다

하나님은 모세에게 이스라엘의 지도자가 되라는 무거운 짐만이 아니라, 그것을 감당할 수 있는 지팡이를 주셨습니다. 모세는 그 지팡이로 물이 피로 물들게도 하였고, 반석에서 물이 나오게도 하였습니다. 순종할 때 하나님은 능력을 주십니다. 하나님의 사람에게 필요한 것은 오직 하나님을 의지하는 마음입니다. 하나님이 주신 마음으로 주신 사명을 끝까지 감당해야 할 것입니다.

1. 오늘 나눈 말씀 가운데 특별히 마음에 와닿은 구절이나 배움을 통하여 깨달은 점이나 느낀 점이 있다면 무엇이었습니까?
2. 하나님이 주신 사명을 모세가 거부한 이유가 무엇입니까?

생활 속으로

1. 모세가 불에 타지 않는 떨기나무에서 하나님을 만난 것처럼 나도 하나님을 만났던 신비로운 순간이 있었습니까?
2. 하나님께서 나에게 주신 사명이 있다면 무엇인지 그것을 잘 감당하고 있는지 나누어 봅시다.

시편으로 드리는 기도

시편 126 : 5~6

하나님, 눈물을 흘리며 씨를 뿌리게 하시고 땀과 수고가 끊이지 않게 하옵소서. 눈물로 씨를 뿌리는 자는 반드시 그 곡식단을 거둘 줄로 믿사오니 믿음으로 사명을 다하게 하옵소서. 아멘.

제19과 이스라엘을 구원하신 하나님

[오늘의 말씀 _ 출애굽기 12 : 51]

바로 그날에 여호와께서 이스라엘 자손을 그 무리대로 애굽 땅에서 인도하여 내셨더라

[찬송 _ 찬송가 435장(통 492장) 3절]

어둔 골짝 지나가며 험한 바다 건너서
천국 문에 이르도록 나와 동행하소서
주께로 가까이 주께로 가오니
나의 갈 길 다가도록 나와 동행하소서

[삶을 나눠요]

지난 한 주 동안 가장 힘들었던 일이 있었는지 서로 나누어 보십시오.

마음을 여는 글

어떤 사람이 죽어서 천국 문 앞에 도착하자 천국 문지기가 말합니다. "천국에 들어가려면 1,000점이 필요합니다. 세상을 살면서 천국에 들어올 만한 점수를 얻은 일들이 있다면 말해 보십시오." 그는 당당하게 말합니다. "지난 세월, 교회 봉사를 쉰 적이 없습니다." "참 수고하셨네요. 그러시기 참 힘든데 1점 드립니다." 생각보다 적은 점수에 당황하며 말합니다. "결혼 후 죽을 때까지 가정생활을 성실히 했습니다. 자녀들도 신앙으로 잘 양육했습니다." "훌륭하십니다. 1점 더 드리겠습니다." 그는 더욱더 당황합니다. "저는 평생에 주일성수를 하며 지냈습니다." "정말 잘하셨습니다. 1점 더 드립니다. 총 3점입니다." 더는 할 말이 없던 그는 그 자리에서 무릎을 꿇고 기도합니다. "예수님, 저는 천국 갈 자격이 없는 죄인입니다. 도와주옵소서!" 그때 문지기가 말합니다. "이제 당신은 1,000점이 되었습니다."
봉사만으로 천국에 갈 수 있을까요? 회개와 복음이 없이 신앙생활을 하고 있지는 않은지 돌아봅시다.

말씀 속으로

하나님께서 이스라엘 백성들의 출애굽을 준비시키시면서 처음 하신 말씀이 "이 달을 너희에게 달의 시작 곧 해의 첫 달이 되게 하고"(출 12 : 2)입니다. 이제 이스라엘이 애굽의 통치를 벗어나고, 하나님의 통치 아래로 들어가 새로운 나라를 이루기 때문입니다. 이는 이스라엘이 독립운동을 하거나 투쟁하여 얻어 낸 것이 아닙니다. 오직 하나님의 은혜였습니다. 이스라엘 백성이 애굽을 떠나기 전 마지막 날 밤, 하나님께서 명하신 유월절 규례는 구원이 무엇인지 구원받은 백성이 어떻게 살아가야 할지 보여 줍니다.

첫째, 어린 양의 피를 집 좌우 문설주와 안방에 뿌리라고 명하셨습니다

어린 양의 피를 우슬초 묶음으로 집 좌우 문설주와 인방에 뿌리라고 하시며 아침까지 한 사람도 자기 집 문밖에 나가지 말라고 명하셨습니다. 그날 밤, 하나님께서 멸하는 자들을 보내시고, 애굽 땅의 모든 처음 난 것들이 죽는 심판이 임합니다. 하지만 어린 양의 피가 뿌려진 집은 넘어갑니다. 애굽의 모든 장자가 심판당할 때 이스라엘이 구원받은 이유는 오직 '어린양의 피'입니다. 우리의 구원도 마찬가지입니다. 나의 소유, 지식, 건강이 아니라 오직 예수 그리스도의 십자가 보혈만이 우리를 구원합니다.

둘째, 허리에 띠를 띠고 발에 신을 신고 지팡이를 잡고 급히 먹으라 명하셨습니다

유월절 식사는 허리에 띠를 띠고 발에 신을 신고 손에 지팡이를 잡고 급히 먹어야 합니다. 이것은 언제든지 떠날 수 있는 모습입니다. 성도는 언제든지 이 땅을 떠날 준비를 하고 살아가야 합니다. 이 세상 모든 사람들은 나이와 건강과 관계없이 언제, 어떻게 이 땅을 떠나게 될지 알지 못합니다. 항상 천국으로 떠날 준비를 하며 유월절을 지내는 자세로 살아가는 지혜로운 성도가 됩시다.

1. 오늘 나눈 말씀 가운데 특별히 마음에 와닿은 구절이나 배움을 통하여 깨달은 점이나 느낀 점이 있다면 무엇이었습니까?
2. 구원받은 하나님의 백성으로 살아가기 위해 어떤 모습으로 살아야 할지 나누어 봅시다.

생활 속으로

1. 지나온 시간을 돌아보며 자녀들에게 유산으로 남기고 싶은 것 세 가지를 말해 봅시다.
2. 세 가지를 선택한 이유와 그것이 자녀들에게 어떻게 기억될 수 있을지 이야기해 봅시다.

시편으로 드리는 기도

시편 68 : 19~20

날마다 우리의 짐을 지사 연약한 우리에게 구원을 베푸시는 하나님, 나의 영혼을 사망에서 건지사 주의 나라로 옮기신 은혜에 감사를 드립니다. 삶이 힘겨워 지칠 때도 나의 모든 것을 아시오니 긍휼히 여겨 주옵소서. 오늘도 주의 나라를 품고 살아갈 힘을 더하여 주옵소서. 아멘.

제20과 십계명을 주신 하나님

[오늘의 말씀 _ 출애굽기 19 : 5-6]

세계가 다 내게 속하였나니 너희가 내 말을 잘 듣고 내 언약을 지키면 너희는 모든 민족 중에서 내 소유가 되겠고 너희가 내게 대하여 제사장 나라가 되며 거룩한 백성이 되리라 너는 이 말을 이스라엘 자손에게 전할지니라

[찬송 _ 찬송가 200장(통 235장) 1절]

달고 오묘한 그 말씀 생명의 말씀은
귀한 그 말씀 진실로 생명의 말씀이
나의 길과 믿음 밝히 보여 주니
아름답고 귀한 말씀 생명샘이로다 아름답고 귀한 말씀 생명샘이로다

[삶을 나눠요]

지금까지 경험한 여행 중 가장 행복한 여행이 언제였는지 서로 나누어 봅시다.

마음을 여는 글

어드벤처 영화의 시초격인 "인디아나 존스"의 다섯 번째 시리즈가 제작되고 있습니다. 첫 번째 시리즈 "레이더스"가 1981년 개봉했으니 거의 40년 만입니다. 이런 영화들은 사실상 거의 변하지 않는 컨셉과 흐름을 가지고 있습니다. 어드벤쳐 영화에서 가장 중요한 역할을 하는 것은 '지도'나 '매뉴얼'입니다. 지도나 매뉴얼은 보물을 찾아가는 방법부터 만나게 될 위험이나 장애물을 어떻게 통과해야 하는지 규칙을 알려 줍니다. 때로는 죽음을 자초하는 것처럼 보이는 규칙도 있지만, 그대로 믿고 행하기만 하면 어떤 위험한 곳이라도 무사히 통과하게 됩니다.

말씀 속으로

인생은 나그네길이라고 하는데 그 길이 언제 갈라질지, 언제 벽을 만날지, 언제 끝날지 아무도 알지 못합니다. 그런 의미에서 인생을 모험이라 말하기도 합니다. 인생의 모험을 성공적으로 완수하기 위하여 하나님께서 주신 규칙이 있습니다. 바로 '십계명'입니다. 종교개혁가 루터는 "십계명을 온전히 아는 사람은 성경 전체를 아는 것이다."라고 단언하였습니다. 그만큼 십계명은 우리 신앙생활에 매우 중요합니다. 그런데 우리는 십계명을 구약의 유물처럼 생각하고 가볍게 여기거나 두 개의 '하라' 명령과 여덟 개의 '하지 말라' 명령으로 구성되어 있다 보니 왠지 우리를 억압하고 규제하는 것처럼 느끼게 됩니다. 하지만 십계명은 억압과 규율의 계명이 아닙니다.

"하나님이 이 모든 말씀으로 말씀하여 이르시되 나는 너를 애굽 땅, 종 되었던 집에서 인도하여 낸 네 하나님 여호와니라"(출 20 : 1-2).

하나님께서는 "애굽 땅에서 노예로 억압당하고 고통당하던 너에게 자유를 준 하나님이 바로 나다."라고 말씀하셨습니다. 즉 십계명은 이스라엘 백성들에게 자유를 주시면서 선포한 계명임을 알 수 있습니다. 그러므로 십계명은 억압의 계명이 아니라 회복과 자유의 계명입니다.

“자유롭게 하는 온전한 율법을 들여다보고 있는 자는 듣고 잊어버리는 자가 아니요 실천하는 자니 이 사람은 그 행하는 일에 복을 받으리라”(약 1 : 25).

야고보서는 ‘자유롭게 하는 온전한 율법’이라 말씀하고 있습니다. 십계명은 우리를 자유롭게 하는 온전한 율법입니다. 이 말씀을 듣고 잊어 버리는 자가 아니라 실천하는 자가 복을 받습니다. 약속의 땅에 들어가기 직전에 하나님께서는 모세를 통해 십계명을 주신 이유를 다시 한번 말씀합니다.

1. 오늘 나눈 말씀 가운데 특별히 마음에 와닿은 구절이나 배움을 통하여 깨달은 점이나 느낀 점이 있다면 무엇이었습니까?
2. 이 시대에 십계명을 지키는 삶은 무엇입니까?

생활 속으로

1. 십계명 중에서 내가 지키기 힘든 계명은 무엇인지 두 가지를 택하여 나눠 봅시다.
2. 선택한 두 가지 계명을 그동안 지키기 힘들었던 이유와 앞으로 잘 지키기 위해서는 어떤 결단을 해야 할지 나눠 봅시다.

시편으로 드리는 기도

시편 112 : 1~2

하나님을 경외하며 그의 계명을 크게 즐거워하는 자에게 복을 주신다고 약속하신 하나님, 이 땅에서도 강성한 복으로 살게 하옵소서. 정직한 자에게 주시는 크신 은혜를 누리며 그 영광을 찬송하는 자녀들이 되게 하옵소서. 아멘.

제21과 거룩한 백성으로 부르신 하나님

[오늘의 말씀 _ 레위기 20 : 26]

너희는 나에게 거룩할지어다 이는 나 여호와가 거룩하고 내가 또 너희를 나의 소유로 삼으려고 너희를 만민 중에서 구별하였음이니라

[찬송 _ 찬송가 420장(통 212장) 1절]

너 성결키 위해 늘 기도하며
너 주안에 있어 늘 성경보고
온 형제들 함께 늘 사귀면서
일하기 전 마다 너 기도하라

[삶을 나눠요]

'거룩한 삶'이란 말을 들었을 때 떠오르는 이미지가 무엇인지 서로 나누어 보십시오.

마음을 여는 글

복잡한 대로에서 앞서가는 차를 바짝 뒤따라가던 여인이 있었습니다. 앞에 차가 황색 신호에서 속도를 줄이며 서자 여인은 경적을 울리고, 짜증을 내며 욕하고 소리를 질렀습니다. 계속해서 고함치고 있을 때 경찰이 그 여인에게 손을 들고 차 밖으로 나오라고 명령했습니다. 그리고 그녀를 경찰서로 데리고 가서 유치장에 감금했는데, 한 시간 후 그 경찰이 돌아와서 사과하며 말했습니다. "죄송합니다. 제가 큰 실수를 했습니다. 제가 당신의 차 뒤에 섰을 때 '예수님이라면 어떻게 하실까?'라고 쓰인 번호판 틀과 '나와 함께 주일학교에 가자.'라는 범퍼 스티커를 보았습니다. 그래서 당연히 도난당한 차라고 생각했습니다."

말씀 속으로

하나님은 가나안 땅에 들어가서 살게 될 이스라엘 백성들에게 거룩한 삶을 요구하십니다. 이스라엘 백성들은 단순히 잘 먹고 잘사는 게 목적이 아닙니다. 그렇다면 거룩한 삶이란 어떤 삶을 말하는 걸까요? 거룩을 의미하는 히브리어 '카도쉬'는 '구별되다'(set apart from)라는 뜻인데 여기서 구별하는 목적이 중요합니다. 그것은 특별한 용도로 사용하기 위해서 입니다. 성막 안의 각종 기구가 좋은 예입니다. 제사 행위와 안식일도 같은 의미에서 이해해야 합니다. 또한 제사장, 레위인, 나실인 등 사람도 마찬가지입니다. 다른 그릇들과 똑같은 그릇이고, 다른 사람들과 똑같은 사람이며, 다른 날들과 똑같은 날들이지만 하나님께서 특별한 용도로 사용하고자 선택하셨을 때 그것들은 거룩하게 됩니다. 신약성경에서 그리스도인을 성도라고 부르는데, 이 역시 구약의 카도쉬를 번역한 말로, 거룩한 백성이라는 뜻입니다. 구약에서는 일부에게만 적용되던 것을 십자가 복음을 받아들인 자들을 부르는 말이 된 것입니다. 하나님께서는 이 땅에 하나님의 통치가 온전히 임하기를 원하십니다. 그 과업을 이루시기 위한 특별한 용도로 우리를 부르셨습니다.

우리는 이 세상에서 태어나 세상에서 사는 사람들입니다. 세상의 풍속은 여전히 큰 영향력을 끼치고 있는 어려운 문제입니다. 타락한 세상으로부터 자신을 구별해야 합니다. 우리 소속은 하늘나라입니다. 하나님 나라가 우리 시민권의 현주소입니다. 로마서 12장 2절에서는 이렇게 도전합니다. "너희는 이 세대를 본받지 말고 오직 마음을 새롭게 함으로 변화를 받으라" 여기 본받는다는 말은 생각 없이 그대로 따라간다는 말입니다. 나도 모르게 세속화된 것을 말하는 것입니다. 그런 그리스도인이 되지 말고 분별하라고 바울은 말씀합니다.

그렇다면 어떻게 해야 세상 풍속을 따르지 않고 살아갈 수 있을까요? 우리가 세상 풍속을 따르지 않기 위해서 노력할 것이 아닙니다. 오히려 주님을 더 사랑하고 따르기 위해서 날마다 말씀 앞에 서면 저절로 세상 풍속으로부터 멀어질 것입니다. 그러므로 우리는 비가 오나, 눈이 오나, 바람이 부나 말씀을 배우고 예배하고 말씀 묵상하기를 계속해야 합니다. 이것이 거룩한 습관이 되도록 하십시오. 그것이 그리스도인으로 사는 길입니다. 그래서 세상 속에 살지만 세상을 변혁하는 믿음의 종들이 되시기 바랍니다.

1. 오늘 나눈 말씀 가운데 특별히 마음에 와닿은 구절이나 배움을 통하여 깨달은 점이나 느낀 점이 있다면 무엇이었습니까?
2. 그리스도인으로서 버려야 할 세상 풍속은 어떤 것이 있는지 말해 봅시다.

생활 속으로

1. 최근에 세상의 유혹에 빠졌던 경험이 있나요? 왜그랬을까 생각해 보고 나누어 봅시다.
2. 말씀 묵상을 통해서 세상의 유혹을 물리친 경험을 나눠 봅시다.

시편으로 드리는 기도

시편 29 : 1~2

하나님, 하나님을 모시는 그의 백성으로서 영광과 권능을 하나님께 돌립니다. 거룩한 옷을 입고서 그 이름에 어울리는 영광을 하나님께 돌리며 살아가게 해 주옵소서. 아멘.

제22과 하나님의 약속을 믿지 못하는 이스라엘 백성

[오늘의 말씀 _ 민수기 14 : 8]

여호와께서 우리를 기뻐하시면 우리를 그 땅으로 인도하여 들이시고 그 땅을 우리에게 주시리라 이는 과연 젖과 꿀이 흐르는 땅이니라

[찬송 _ 찬송가 347장(통 382장) 1절]

허락하신 새 땅에 들어가려면
맘에 준비 다하여 힘써 일하세
여호수아 본받아 앞으로 가세
우리 거할 처소는 주님 품일세

[삶을 나눠요]

믿음을 안경이라고 한다면 그 효과와 역할이 어떠할지 서로 나누어 보십시오.

마음을 여는 글

1920년 12월 인도에서 사역하던 선교사가 가축을 잡아먹은 호랑이 사냥을 나갔다가 호랑이 동굴에서 7~8살로 보이는 여자아이 둘을 발견했습니다. 왜 이렇게 되었는지는 모르지만 아마도 늑대 젖을 먹고 자란 듯했습니다. 이 아이들을 집에 데리고 와서 말을 가르치고 문화를 가르쳤지만, 쉽게 적응하지 못했고 안타깝게도 큰아이는 1년 만에, 작은 아이는 9년을 더 살다가 죽고 말았습니다. 이 이야기는 교육환경의 중요성을 말할 때 사용되곤 합니다. 일반적으로 교육학에서는 이렇게 주장합니다. "환경이 사람을 바꾼다." 맞는 말입니다. 환경이 중요합니다. 하지만 그리스도인에게는 믿음이 더 중요합니다.

말씀 속으로

하나님으로부터 약속을 받았음에도 불구하고 그 약속을 성취하지 못하는 경우가 있습니다. 그 이유는 무엇일까요? 바로 불신앙 때문입니다. 불신앙은 현실의 악조건들과 두려운 상황만 보게 합니다. 그래서 하나님의 약속을 저버리게 만듭니다. 믿음이 도달하는 종착역과 불신앙의 종착역은 완전히 다릅니다.

가나안 땅에 가까이 왔을 때 하나님께서는 모세에게 각 지파별로 한 명씩 뽑아서 그곳으로 정탐을 보내라고 명령하셨습니다. 그런데 정탐을 마치고 돌아온 10명이 그 땅을 악평하면서 가나안 정복을 절망적인 것으로 말했습니다. 이들의 보고와 선동은 백성들을 완전히 두려움에 사로잡히게 했습니다. 백성들은 불신앙과 절망에 사로잡혀 분노와 원망으로 흥분했습니다. 하나님을 원망했고 다른 지도자를 세워 애굽으로 돌아가고자 했습니다. 10명의 보고는 전혀 거짓은 아닙니다. 그 땅에 거인이 있는 것은 사실이지만 전부가 거인은 아니며 일부 땅은 나쁠 수 있으나 전부가 그런 것은 아닙니다. 이들은 큰 잘못을 저질렀습니다. 하나님의 약속을 믿지 않았다는 것입니다. 땅을 탐지할 때 하나님의 존재를 무시했습니다. 메뚜기 콤플렉스에 사로잡혀서 봐야 할 것을 보지 못했습니다. 하나님의 약속을 신뢰하지 못했습니다. 두려움 때문입니다. 두려움은 믿음의 반대입니다. 믿음이 없는 곳에는 언제나 두려움이 있습니다. 그러나 믿음은 두려움에서 벗어나게 해 줍니다.

저와 여러분은 어떻습니까? 하나님을 신뢰하는 믿음이 있습니까? 하나님께서 주시는 약속을 신뢰하십니까? 다윗과 골리앗의 싸움을 기억합니다. 다윗은 어린 소년으로서 블레셋의 장수 골리앗과 맞섰습니다. 골리앗이 보기에 다윗이야말로 메뚜기와 같았을 것입니다. 그러나 다윗은 자신을 그렇게 보지 않았습니다. 그는 자신을 지켜 주시며 함께해 주신 전능하신 하나님을 온전히 의지했습니다. 그러자 얼마든지 이길 수 있다는 확신과 자신감으로 충만했습니다. 그의 믿음대로 골리앗을 쓰러뜨리고 이스라엘에 큰 승리를 안겨 주었습니다.

우리는 하나님께 믿음의 눈으로 보게 해 달라고 기도해야 합니다. 그리고 거대한 적들과 어려운 문제들 앞에서 두려워 떨지 말고 하나님의 능력을 힘입어 담대하게 승리하고 하나님께서 약속하신 복을 받아 누리시기를 바랍니다.

1. 오늘 나눈 말씀 가운데 특별히 마음에 와닿은 구절이나 배움을 통하여 깨달은 점이나 느낀 점이 있다면 무엇이었습니까?
2. 당신이 지금 가장 두려워하고 걱정하는 것은 무엇입니까?

생활 속으로

1. 최근에 믿음으로 걱정을 이긴 경험을 나눠 봅시다.
2. 하나님을 신뢰하게 될 때 내 마음에 어떤 변화가 나타나는지 나눠 봅시다.

시편으로 드리는 기도

시편 32 : 6~7

하나님, 고난이 홍수처럼 밀어닥쳐도 우리에게는 미치지 못할 줄 믿습니다. 주님은 나의 피난처이시요, 나를 환난에서 지켜 주시며 보호하시니 소리 높여 주님의 구원을 노래하게 하소서. 아멘.

제23과 성령강림주일 : 여호수아, 라합과 함께하신 하나님

[오늘의 말씀 _ 여호수아 6 : 16]

일곱 번째에 제사장들이 나팔을 불 때에 여호수아가 백성에게 이르되 외치라 여호와께서 너희에게 이 성을 주셨느니라

[찬송 _ 찬송가 419장(통 478장) 1절]

주 날개 밑 내가 편안히 쉬네 밤 깊고 비바람 불어쳐도
아버지께서 날 지켜 주시니 거기서 편안히 쉬리로다
주 날개 밑 평안하다 그 사랑 끊을자 뉘뇨
주 날개 밑 내 쉬는 영혼 영원히 거기서 살리

[삶을 나눠요]

나와 함께하시는 하나님을 기대하는 삶이란 무엇인지 서로 나누어 봅시다.

마음을 여는 글

폴 톰스는 이렇게 말했다. "여리고 정복에서 주는 중요한 교훈이 하나 있는데 그 전쟁의 진짜 상대는 여리고 군사들이 아니었다는 사실이다. 그 싸움은 자신과의 싸움이었다. 하나님이 여리고를 파괴하기 위하여 온 힘을 집중하셨던 것은 아니다. 하나님은 말씀만으로 간단히 여리고를 없애 버릴 수 있었다. 진짜 여리고 전쟁은 인간의 마음을 상대로 한 것이지 여리고 성벽을 상대로 한 것이 아니었다." 그렇다. 하나님은 여리고를 정복하려고 하신 것이 아니라 이스라엘 백성의 마음을 정복하고자 하신 것이다.

–『리더여, 사자의 심장을 가져라』(한홍, 두란노, 2004) 중에서 –

말씀 속으로

여리고 성은 직접적인 군사작전으로는 거의 공격이 불가능하게 되어 있는 천연 요새였습니다. 가파른 경사지 정상에 위치하고 있는 여리고 성은 여러 방해물 때문에 벽을 무너뜨리기 위해 접근하는 행위는 자살 행위나 다름없었다고 합니다. 그러나 하나님의 계획은 사람들의 상식을 뛰어넘습니다. 우리는 하나님께서 하시는 일을 나의 이성으로 판단하거나 나의 수준으로 이해하면 안 됩니다. 내가 생각하지도 못하는 수준의 일을 하시는 분이 하나님입니다. 하나님은 여호수아의 손에 여리고 성을 넘겨주셨습니다. 여호수아 6장 2절에서 "여호와께서 여호수아에게 이르시되 보라 내가 여리고와 그 왕과 용사들을 네 손에 넘겨주었으니"라고 했습니다. 하나님께서는 여호수아에게 이미 자신이 여리고 성을 네 손에 넘겨주었다고 선언하셨습니다. '손에 넘겨준다'라는 것은 권력이나 통치권을 넘겨준다는 뜻입니다. 승리를 허락하신다는 의미입니다. 전쟁을 하기도 전에 이미 전쟁의 승리가 확정되었음을 하나님께서 선언하신 것입니다. 그것이 바로 하나님의 능력과 주권을 나타내는 표현입니다. 그리고 하나님께서 여리고 성을 무너뜨리는 구체적인 방법을 알려 주셨는데, 그것은 이스라엘 모든 군사들로 하여금 매일 한 번씩 엿새 동안 여리고 성 주위를 돌고 제7일에는 일곱 번 돌면서 제사장들이 길게 나팔을 불라는 것입니다. 그런데 6일 동안 매일 하루에 한 바퀴씩 돌 때는 침묵하라고 했습니다. 하나님께서는 전쟁에 임하는 그들에게 칼과 창, 마음을 가다듬는 대신에 그들이 믿는 하나님께 집중하기를 원하셨습니다.

여호수아는 전에 여리고 성을 정탐했던 두 사람에게 명령해서 라합의 집에 있는 사람들을 이끌어 오게 합니다. 그들은 여호수아의 지시대로 라합의 집에 들어가 라합과 그 가족, 친족을 이끌어 내어 진영 밖에 있게 합니다. 라합의 믿음의 행동이 자신뿐 아니라 가족과 친지까지 구원으로 인도한 것입니다. 라합은 정탐꾼들을 숨겨 주고 여호와의 이름으로 언약을 맺었기에 구원의 은혜를 입게 되었습니다. 라합은 생명이 죽고 살 수 있는 결정적인 순간에 하나님을 믿었고, 구원해 주실 것을 기대했습니다.

믿음은 하나님과 동행하는 것입니다. 그리고 하나님이 하실 일을 기대하면서 살아가는 것입니다. 여호수아도 라합도 하나님이 함께하심을 믿었고, 하나님이 구원해 주시고 승리를 주실 것을 확신하고 따라갔습니다.

1. 오늘 나눈 말씀 가운데 특별히 마음에 와닿은 구절이나 배움을 통하여 깨달은 점이나 느낀 점이 있다면 무엇이었습니까?
2. 하나님께 집중하기 위해서 내가 해야 할 일은 무엇입니까?

생활 속으로

1. 하나님께서 내 인생에 이루어 주시기 기대하는 것 일곱 가지를 적어 봅시다.
2. 하나님이 이루어 주시기를 원하는 그 일곱 가지를 가지고 기도문을 적어 봅시다. 그리고 잘 보이는 곳에 기도문을 부착하고 매일 기도해 봅시다.

시편으로 드리는 기도

시편 63 : 1~4

사랑의 하나님, 사망의 음침한 골짜기로 다닐지라도 해를 두려워하지 않겠습니다. 주께서 나와 함께하심을 굳게 믿고 모든 인생의 두려움을 물리치게 하여 주옵소서. 하나님께서 나를 안위하게 하옵소서. 아멘.

제24과 하나님만 섬기겠다고 약속한 이스라엘 백성

[오늘의 말씀 _ 여호수아 24 : 16]

백성이 대답하여 이르되 우리가 결단코 여호와를 버리고 다른 신들을 섬기기를 하지 아니하오리니

[찬송 _ 찬송가 352장(통 390장)]

십자가 군병들아 주 위해 일어나
기 들고 앞서 나가 담대히 싸우라
주께서 승전하고 영광을 얻도록
그 군대 거느리사 이기게 하시네

[삶을 나눠요]

선택의 순간에 기준이 되는 신앙적인 원칙은 무엇인지 서로 나누어 보십시오.

마음을 여는 글

주일 저녁 두 청년이 교회 옆에 도박장으로 가고 있었습니다. 그런데 교회 입구에 있는 "죄의 삯은 사망이니라."라는 말씀 구절을 읽고, 한 청년에게 마음의 변화가 일어났습니다. 그리고 그 청년이 다른 친구에게 "우리 도박장 말고 교회로 가자."라고 제안합니다. 그러나 다른 청년은 무슨 소리냐면서 도박장으로 들어갔고, 그 청년은 발길을 돌려 교회로 들어가 그날 예수님을 영접하게 됩니다. 그 후 회심한 청년은 미국의 22대 대통령(클리블랜드)이 됩니다. 하지만 그의 30년 전 친구이자, 도박장으로 들어갔던 친구는 감옥에서 그 소식을 듣게 됩니다. 한순간의 선택이 한 사람은 나라의 가장 높은 지도자를 만들었고, 다른 한 사람은 감옥에서 인생을 후회하며 사는 자가 되게 만든 것입니다.

말씀 속으로

40년간 광야 생활을 마치고 하나님께서 약속하신 가나안 땅에 이른 백성들은 모세의 후계자인 여호수아를 따라 약속의 땅을 차지하고 다스리며 자신들의 정착지로 만들게 되었습니다. 그 과정에서 여호수아는 40년간 광야에서 경험한 수많은 반목과 갈등의 상황 속에서도 지혜와 능력으로 이스라엘 백성들에게 땅을 잘 분배하였습니다. 그리고 곳곳에 지도자들을 세우며 지파별로 차지한 땅에서 잘 안착하도록 만들어 줍니다. 그러나 여호수아도 이 땅에 연수를 다 채우고 주님 품으로 떠날 때가 되어 그의 백성들에게 마지막 말을 남깁니다. 여호수아는 "너희가 섬길 자를 오늘 택하라"(수 24 : 15)라고 말했고 이스라엘 백성들은 "우리가 결단코 여호와를 버리고 다른 신들을 섬기지 않겠다"(수 24 : 16)는 결심을 보여 줍니다.

하나님을 섬기는 것은 결단이 필요합니다

여호수아는 "너희가 섬길 자를 오늘 택하라"(수 24 : 15)고 말합니다. 모태신앙으로 또는 아내나 남편의 전도로 그리스도인이 될 수 있으며 특별한 체험으로 믿음을 가지게 될 수 있습니다. 하지만 어떤 경우든지 오직 여호와 하나님을 택하여 결단하는 모습이 필요하다는 것입니다. 물론 훗날 돌아서 생각하면 그 또한 하나님의 인도하심과 이끄심이라 고백하겠지만 우리는 선택하고 결단하는 모습이 있을 때 주님 앞에 설 수 있다는 것입니다.

하나님을 섬기는 것은 나와 우리가 함께해야 합니다

여호수아는 하나님을 섬기겠다고 결단하면서 "오직 나와 내 집"이라고 표현하고, 이스라엘 백성들은 "우리가 결단코 여호와를 버리지 않겠다."라고 고백합니다(수 24 : 15-16). 그는 자기 자신만의 결단으로 믿음을 고백하지 않습니다. 자기와 함께한 이들과의 신앙의 연대를 이야기합니다. 진정한 믿음의 결단은 나와 함께 공동체가 신앙을 고백할 때 참된 천국의 삶이 이 땅에서 이뤄지게 될 것입니다.

1. 오늘 나눈 말씀 가운데 특별히 마음에 와닿은 구절이나 배움을 통하여 깨달은 점이나 느낀 점이 있다면 무엇이었습니까?
2. 여호수아처럼 하나님만을 선택하며 결단하는 삶을 살기 위해서 갖추어야 할 것은 무엇입니까?

생활 속으로

1. 하나님과 세상 사이에서 선택해야 할 때 가장 심각하게 고민이 되었던 때를 생각해 보고 그 이유가 무엇인지 말해 봅시다.
2. 그렇게 고민되었던 선택이 지금 내 인생에 어떤 영향을 끼쳤는지 그리고 앞으로 비슷한 상황을 겪으면 다시 어떻게 할 것인지 이야기해 봅시다.

시편으로 드리는 기도

시편 1 : 1~2

하나님, 저희를 악인들의 꾀에서 멀리하게 하시고 죄인들의 길에 서지 않게 하여 주시며 오만한 자의 자리에 앉지 않도록 붙드셔서 오직 하나님의 말씀을 즐거워하여 그 말씀과 찬양 가운데 늘 감사와 기쁨을 표현하는 복 있는 자로 세워 주옵소서. 아멘.

제25과 드보라와 함께 싸워 승리한 사람들

[오늘의 말씀 _ 사사기 5 : 2]

이스라엘의 영솔자들이 영솔하였고 백성이 즐거이 헌신하였으니 여호와를 찬송하라

[찬송 _ 찬송가 310장(통 410장) 1절]

아 하나님의 은혜로 이 쓸데없는 자
왜 구속하여 주는지 난 알 수 없도다
내가 믿고 또 의지함은 내 모든 형편 아시는 주님
늘 보호 해 주실 것을 나는 확실히 아네

[삶을 나눠요]

나의 삶 가운데 가장 큰 하나님의 도우심의 경험이 있는지 그리고 믿음의 친구를 통해 하나님의 도우심을 경험한 적이 있는지 서로 나누어 봅시다.

마음을 여는 글

전라북도 문화재인 '금산교회'는 1905년 최의덕(L.B.Tate) 선교사가 설립한 '기억자'(ㄱ) 모양의 한옥교회입니다. 이 교회에 출석하던 양반지주 조덕삼(1867-1919)과 머슴 이자익이 교회에서 열심히 봉사했는데, 이자익이 먼저 장로로 선출되고, 후에 조덕삼이 장로가 되었습니다. 조장로는 자신의 집 머슴이지만 교회에서 먼저 장로로 선출된 이자익 장로를 존경하고 그에게 신학공부할 것을 권유합니다. 이장로는 평양신학교에 진학했고, 조장로는 이장로가 신학공부를 마칠 때까지 물질적으로, 영적으로 후원했습니다. 공부를 마친 후 조장로는 이자익 목사를 금산교회 담임목사로 초청하여 섬겼습니다. 이 두 사람은 조선사회 계급문화에 맞서 싸워 승리했고 하나님 나라를 세워갔습니다.

말씀 속으로

드보라는 선조들의 출애굽 여정 때 하나님께서 인도하신 역사적인 사건을 회상하며 야빈과의 전쟁도 궁극적으로 하나님께서 도우셨음을 찬양합니다. 기손강에 나타난 하나님의 기적을 체험함으로 과거에 행하셨던 하나님의 역사하심을 새삼 확신하게 됩니다. 그들을 격려해 주시고 적들을 크게 혼미하게 해서 승리를 주신 하나님께 영광을 돌리고 이스라엘의 영광과 승리를 확신하며 찬양합니다(삿 5 : 1-23). 드보라가 이렇게 찬양하고 승리의 개가를 부르는 충분한 이유가 있었습니다(삿 5 : 13). 그것은 전적으로 하나님의 역사하심이요 은혜로 된 일이었기 때문입니다.

이스라엘은 무엇으로 보나 보잘것없는 연약한 백성들이 되었습니다. 그러나 하나님께서는 그들에게 권세 있는 자들을 지배할 수 있게 하셨습니다. 이스라엘은 딱한 처지였습니다(삿 5 : 6-8). 그러나 하나님께서는 살아남은 얼마 안되는 사람들에게 특별한 도움을 내리셨습니다. 그들의 목을 조르고 있던 굴레를 벗겨 버렸을 뿐 아니라 그들의 압제자들을 쳐부수는 능력을 주셨습니다. 이스라엘 백성들이 살아 있는 한 그 수가 아무리 적더라도 거기에는 희망이 있습니다. 왜냐하면 하나님께서는 단 한 사람이 남았다 할지라도 그 사람으로 하여금 가장 힘세고 유력한 자들을 이기게 하실 것이기 때문입니다.

드보라는 연약함의 상징이라 할 수 있는 여성이었습니다. 그러나 하나님께서 그녀로 하여금 이스라엘의 힘센 남자들을 다스릴 권세를 주셨습니다. 그들은 기꺼이 그녀와 함께하였습니다(삿 5 : 13-18). 그리고 드보라와 함께하지 않고 돕지 아니한 자들은 저주합니다(삿 5 : 23). 이스라엘은 바락의 통솔을 받아 그날 큰 승리를 거두었습니다.

이것은 여호와께서 행하시는 일이며 누가 보더라도 하나님의 역사하심을 부인할 수 없는 일입니다. 그리고 하나님께서는 야엘이라는 약한 여인을 통하여 우상주의의 죄악으로 가득 찬 가나안 왕의 신하 시스라를 우상과 함께 심판하십니다.

1. 오늘 나눈 말씀 가운데 특별히 마음에 와닿은 구절이나 배움을 통하여 깨달은 점이나 느낀 점이 있다면 무엇이었습니까?
2. 약할 때 강하게 하시는 하나님께 쓰임 받기 위해서 갖추어야 할 것은 무엇입니까?

생활 속으로

1. 본문에 등장하는 인물 중에 나는 누구와 같은 사람입니까?(드보라, 바락, 야엘 등)
2. 내 인생에서 어려움을 함께하며 이겨 나갈 사람이 있습니까? 그분들과 함께 꼭 하고 싶은 것은 무엇인지 이야기해 봅시다.

시편으로 드리는 기도

시편 91 : 14~16

하나님, 여호와께서 저의 목자가 되어 주시니 감사드립니다. 늘 내게 부족함이 없게 하시고 푸른 풀밭 쉴만한 물가로 인도하시고 의의 길로 인도해 주옵소서. 아멘.

제26과 기드온과 삼백 용사

[오늘의 말씀 _ 사사기 7 : 9]

그 밤에 여호와께서 기드온에게 이르시되 일어나 진영으로 내려가라 내가 그것을 네 손에 넘겨주었느니라

[찬송 _ 찬송가 543장(통 342장) 1절]

어려운 일 당할 때 나의 믿음 적으나
의지하는 내 주를 더욱 의지합니다
세월 지나갈수록 의지할 것 뿐일세
무슨 일을 당해도 예수 의지합니다

[삶을 나눠요]

오직 하나님만 자랑하고 의지하는 삶이란 무엇인지 서로 나누어 보십시오.

마음을 여는 글

사슴 한 마리가 목이 말라 호숫가에 물을 마시러 갔습니다. 물속에 비친 자신의 그림자를 보고 나뭇가지처럼 뻗친 제 뿔이 매우 아름다워 자랑스럽게 생각했습니다. 그러나 가느다란 다리를 보면서 왜 다리는 이리도 보기 싫은가 한탄했습니다. "이런 다리는 없는 것만 못해!" 사슴이 혼자 중얼거리고 있는데, 마침 사자가 나타나 사슴을 잡아먹으려고 쫓아왔습니다. 사슴은 소용없는 것이라 핀잔을 줬던 가는 다리에 의지하여 숲속으로 뛰었습니다. 그러다가 아름답다고 생각했던 뿔이 나뭇가지에 걸려 사자의 밥이 되고 말았습니다. 사슴은 후회했습니다. "마음에 안 들던 다리 덕분에 목숨을 구할 수 있었는데, 오히려 자랑으로 알았던 뿔 때문에 이 모양이 되어 버렸구나!"

말씀 속으로

미디안의 압제에서 이스라엘을 구원하시기 위해 하나님께서 기드온을 세우셨습니다. 기드온은 이제 필요한 군사들을 불러 모아 미디안을 칠 준비를 하고 있었습니다. 전략상 군사들이 많을수록 유리했을 것입니다. 그러나 하나님은 오히려 군사들의 수를 줄이셨습니다. 먼저는 두려워 떠는 사람들을 돌아가게 하시자 이만 이천 명이 돌아가고 만 명만 남았습니다. 또다시 하나님은 백성을 물가로 인도하여 물을 마시게 하도록 명령하시고, 그 가운데 내려가서 개가 핥는 것 같이 혀로 물을 핥는 자들만 따로 세우라 하셨습니다. 이제 남은 수가 삼백 명이었습니다. 하나님은 그 삼백 명으로 충분하다고 하셨습니다.

많음이 자랑이 아닙니다

하나님께서는 왜 삼만이 넘는 군사들을 돌아가게 하고 고작 삼백 명만 남게 하셨을까요? 하나님은 군사의 많은 수가 오히려 이스라엘 스스로 자랑하여 교만해질 수 있다고 보셨기 때문입니다. 부족한 군사의 수보다 더 위험한 것은 스스로 자랑하는 교만과 세상 힘을 의지하는 어리석음입니다. 승리를 위해 필요한 것은 막강한 군사력이 아니라 하나님 앞에 겸손하며 전적으로 하나님만 자랑하고 의지하는 믿음이었습니다.

강함도 자랑이 아닙니다

전투에는 강한 무기가 필요합니다. 그러나 하나님께서 기드온과 삼백 용사에게 준비하게 하신 무기는 칼도, 창도 아닌 나팔과 빈 항아리와 횃불이었습니다. 이길 수 없는 싸움 같았습니다. 그러나 하나님은 사람의 생각을 뛰어넘는 지혜로 미디안을 이기게 하셨습니다. 가장 어두운 밤 시간에 미디안 진영에 들어가 횃불이 든 항아리를 부수고, 나팔을 불며 외치게 했습니다. "여호와와 기드온의 칼이다!" 그러자 미디안 군사들은 놀라 도망가다가 서로 칼로 치며 자멸했습니다.

하나님은 기드온에게 분명히 말씀하셨습니다. "내가 이 물을 핥아먹은 삼백 명으로 너희를 구원하며 미디안을 네 손에 넘겨주리니"(삿 7 : 7). 이 싸움을 주관하시고 이기게 하시는 분은 하나님이셨습니다. 그러므로 인간이 가진 것이 많음과 강함이 자랑하고 의지할 것이 아닙니다. 자신의 자랑거리로 여기는 것이 오히려 자기를 넘어뜨릴 수 있습니다. 오직 하나님의 지혜와 능력만이 우리의 자랑할 것이 됩니다.

1. 오늘 나눈 말씀 가운데 특별히 마음에 와닿은 구절이나 배움을 통하여 깨달은 점이나 느낀 점이 있다면 무엇이었습니까?
2. 하나님은 왜 사람이 스스로를 자랑하며 자기의 힘을 의지하는 것을 원하지 않으십니까?

생활 속으로

1. 스스로를 자랑하며 의지하기 쉬운 것들이 무엇이 있는지 이야기해 봅시다.
2. 하나님만 자랑하고 의지하며 살아가기를 다짐하며 자신의 결심을 나누어 봅시다.

시편으로 드리는 기도

시편 20 : 7~9

하나님, 오직 여호와 우리 하나님의 이름만을 자랑하고 의지하며 살게 하소서. 그렇게 할 때 어떤 어려움에도 일어나 바로 서는 자로 살게 하실 줄 믿습니다. 아멘.

노년을 위한 교육목회 시리즈

말씀 청춘

초판인쇄 2022년 1월 5일
초판발행 2022년 1월 10일

편집인 대한예수교장로회총회교육자원부
총무 김명옥
주소 03128 / 서울특별시 종로구 대학로3길 29(연지동, 총회창립100주년기념관)
전화 (02) 741-4356 / (F) 741-3477

발행인 박창원
발행소 한국장로교출판사
주소 03129/ 서울 종로구 대학로 19, 409호(연지동, 한국기독교회관)
전화 (02) 741-4381 / (F) 741-7886
영업국 (031) 944-4340 / (F) 944-2623
등록 No. 1-84(1951. 8. 3.)

요목 교육목회실천협의회 편집 이미숙 김의현
집 필 자 정영택 박봉수 손윤탁 홍정근 이희수 오세원 유상진 박혜성 임정수 신동명 김한원
김성덕 김주용 문재진 박경수
출판편집 이슬기 김은희 이가현 표지 디자인 최준호

노년부를 위한 성경공부 시리즈

- 하늘향기 1
- 하늘향기 2
- 하늘향기 3
- 하늘향기 4

- 말씀청춘 Ⅰ-1
- 말씀청춘 Ⅰ-2
- 말씀청춘 Ⅱ-1
- 말씀청춘 Ⅱ-2
- 말씀청춘 Ⅲ-1
- 말씀청춘 Ⅲ-2
- 말씀청춘 Ⅳ-1
- 말씀청춘 Ⅳ-2
- 말씀청춘 Ⅴ-1

교회를 위한
최고의 선물

교회명 및
기념문구를
인쇄해 드립니다.

Cross Bible

크로스바이블

- ✓ 국내 최고의 교회 예전성경
- ✓ 노회 및 교회 임직자들을 위한 예식성경
- ✓ 18K 금도금 십자가의 최고급 사양
- ✓ 예식용 바이블 스톨 증정

크로스바이블 큰글

크로스바이블 특중

크로스바이블 4×6

크로스바이블 4×6

웨딩성경

· 03129 서울 종로구 대학로 19, 409호(연지동, 한국기독교회관) · www.pckbook.co.kr
· 본사 (전화) 02-741-4381 / (팩스) 02-741-7886 · 영업국 (전화) 031-944-4340 / (팩스) 031-944-2623

한국장로교출판사
www.pckbook.co.kr